湘南怪談

神沼三平太

竹書房
怪談
文庫

まえがき

怪談オン・ザ・ブラックサンドビーチ

ビーチにようこそ！

湘南とは怪談と最も縁遠い地にも思える場所だ。

夏の浜辺、強い日差しの太陽、恋する若者達――湘南にはそんなイメージがつきまとう。

実のところ湘南は、人によって抱くイメージが異なる場所だ。元来、湘南は大磯が発祥の地であり、茅ケ崎藤沢の地は「湘東」に当たるともいう。

湘南を指す場所は複雑で、行政区分でも、気象区分でも、自動車ナンバーの地域区分でも、それぞれ独自の割り当てとなっている。湘南の範囲は明確に定義しづらいのが現状だ。

ただ、現在の湘南イメージの形成には、サザンオールスターズを始めとする様々な湘南サウンドや、ポップカルチャーの影響も大きい。

サーフィンや海水浴、海の家といった夏のイメージも共通しているだろう。マリンスポーツだけでなく、海釣りのイメージもあるだろう。人によっては週末の夜に海辺の国道を走り抜ける暴走族、といったイメージを持つかもしれない。

斯様《かよう》に湘南という地域は、まるで妖怪のように捉え所がない。

そこでこの本では、勝手ながら「湘南」をごく狭い範囲に留めることにした。

海沿いでいえば、東は鎌倉市の稲村ケ崎。西は平塚市の袖ケ浜。北は新湘南バイパス付近まで。サーフボードを抱えて自転車で海に行ける範囲といえば伝わるだろうか。しかも、なるべく海岸よりの話を収録することにした。

実際、一日あればこの本に収録された現場は、全て巡ることができる。

何故この書籍に鎌倉、逗子、葉山の話が収録されていないかというと、そもそも鎌倉は鎌倉だけで一冊になってしまうほどの怪異の宝庫であり、茅ケ崎出身の著者から見て、鎌倉は湘南の枠組みに入れるよりは鎌倉単独のほうが相応しいと感じたからだ。

だからこの本は、江の島・茅ケ崎編というような具合に仕上がっている。

ビーチのイメージの強い地域には、そのイメージに相応しい様々な怪異が起きる。

是非楽しんでいただけたら幸いだ。

なお、この書籍を著《しる》すに当たり、茅ケ崎在住の友人達に多大な協力をいただいた。特にハンドルネーム翔子さんには多くの体験談を寄せていただいた。ここに感謝したい。

著者

目次

神奈川県湘南地方
① 稲村ケ崎
② 腰越
③ 江の島
④ 鵠沼海岸
⑤ 辻堂海岸
⑥ 鉄砲通り
⑦ 柳島海岸
⑧ 平塚新港
⑨ 茅ヶ崎駅
⑩ 円蔵
⑪ 甘沼
⑫ 湘南銀河大橋
⑬ 湘南平
寒川町
藤沢市
平塚市
茅ヶ崎市
鎌倉市
大磯町
二宮町
逗子

第4章　茅ヶ崎市内陸部

第5章　平塚

※本書に登場する人物名は、様々な事情を考慮してすべて仮名にしてあります。一部の地名は正式名称ではなく、通称を用いている箇所もあります。また、作中に登場する体験者の記憶と体験当時の世相を鑑み、極力当時の様相を再現するよう心がけています。現代においては若干耳慣れない言葉・表記が登場する場合がありますが、これらは差別・侮蔑を意図する考えに基づくものではありません。

第一章　稲村ケ崎から江の島

稲村ケ崎公園

直子が二十代の頃の話だという。

当時付き合って一年くらいの彼氏と、湘南にドライブへ出かけた。

彼の車の助手席に乗って、他愛もない話に受け答えをしていると、車が国道１３４号線に出た。海沿いを走っていくと、江の島だ。

その脇を通過して、更に鎌倉方面へと移動していく。

彼が車を駐めたのは稲村ヶ崎だった。

車を駐車場へ入れ、道路を渡って通称・稲村ケ崎公園へと足を延ばす。

彼がこっちに良い場所があるんだよと、広場を横切り、公園の柵を越えた。

丘を少し下ると、目の前の海を見晴らせる絶好のロケーションが現れた。

「ここ、周りからは隠れてるんだよ」

地元の人や、噂を聞いてきた人も少なくないのだろう。その一角は草も踏み潰されている。二人で過ごすには丁度良い空間だった。

彼はジーパンのまま、直子はハンカチを敷いて草の上に腰を下ろした。

二人で穏やかな海を眺める。

「こんな場所よく知ってるね。ここに連れてきたの、私で何人目？」

そう茶化《ちゃか》すと、彼は突然真面目な顔をした。

怒ったのかなと思ったが、どうやら違うようだ。

「あのね。これ――」

彼はポケットから指輪を出すと、結婚して下さいと続けた。

だが、指輪を見せられた直子は戸惑った。

正直なところ、彼とは性格や考え方が合わないところがある。悪い人ではないのだが、ずっと付き合い続けるつもりはなかった。

夏になる前には別れようと心に決めていたのだ。

返事に困っていると、彼は指輪を嵌めようと直子の手を掴んだ。

腹が立った。

相手の気持ちを考えない独善的な所が嫌いだと、過去に何度も伝えている。

直子は思い切りその手を振り払った。その勢いで指輪が地面に転がった。

彼が落とした指輪に手を伸ばすと、地面から黒い腕が生えて、彼の腕を掴んだ。

「何だこれ！」

彼は声を上げ、その手を振り払おうともがいた。

直子が蹴ると、黒い腕は彼の手を離した。急いでその場を離れる。

広場まで戻った所で、彼が思い出したように口にした。

「指輪を忘れたから取りに行ってくる」

彼は早く帰ろうと急かす直子を置いて、また柵を越えていった。

彼が何を考えているのかまるで分からない。あんな目に遭って怖くないのだろうか。

不安に思いながら公園内で彼の帰りを待っていると、暫《しばら》くして彼が戻ってきた。彼は柵の向こうを振り返ってぼやいた。

「指輪失《な》くなっちゃった。何処かに落としちゃったのかもな」

直子にとっては、指輪よりも彼の腕に残った浅黒い痣のほうが気になった。

それを指摘しても、先ほどの気持ちの悪い黒い腕のことを話題に出しても、彼は全く気にも留めていない様子だった。どこかちぐはぐで、話が通じていないことに苛立つ。

違和感を覚えたまま、その日は帰路に就いた。

だが、その帰り道、ハンドルを握る彼が不意に叫び声を上げた。

「俺は人間が大嫌いなんだよ！　皆死ねばいい！」

突然の大声に、直子は怯えた。声や形相も、普段の彼とは別人のようだ。

――もしかして、あたしこのまま事故で死んじゃうのかも。

背筋に冷たいものが走る。

彼は直子のことを無視したまま、一時間以上も怒鳴りながら運転を続けた。

その日は何とか無事に帰宅できたが、直子はもう彼とは別れようと決意した。

翌日電話で別れ話を切り出した。

彼の性格から、不満をぶちまけるか、ごねてくるかと予想していたが、意外にも彼はあっさりと直子の言葉を受け入れた。

「分かった。ごめんね」

それが別れの言葉だった。


それから数日して、彼から電話があった。どうしたのかと問うと、先日失くした指輪を探しに、稲村ヶ崎まで一人で行ってくるとのことだった。

どう対応していいのか言葉が見つからない。好きにすればと告げて電話を切った。

その翌日、仕事を終えた直子が会社を出ると、彼が外で待っていた。

「何よ。何かあったの」

別れたのに付き纏ってくる元彼に苛立ちをぶつける。だが、彼は棘《とげ》のある言葉も意に介さず、満面の笑顔を見せた。

「今夜は何食べる？　お前の好きな物食べに行こうよ」

付き合っていたときと変わらない態度を見せる彼に、とうとう直子は声を荒らげた。

「一体どういうつもり？　もう別れたんだから、こんなことはやめてよね！　帰って！」

「え？　冗談言うなよ。俺達がいつ別れたの？　別れてないし。直子大丈夫？　俺達これから結婚するんだよ？　この前、海で指輪受け取ってくれたじゃない」

へらへらした態度でそんな話を繰り返す元彼を睨みつける。

その直後に目に入ったものが、直子を恐怖に陥れた。身体が震える。

彼の半袖から伸びた腕全体に、掌の形をしたどす黒い痣が幾つも付いていた。

逃げ出したい衝動と闘いながら話し掛ける。

「ねぇ、落ち着いて聞いて。この前、海で指輪失くして探しに行ったでしょ？　あれは見つかったの？」

すると彼は暫く黙りこんだ。

「何だ……覚えてるんだ。指輪は見つかったけど、あの変な手に持っていかれたんだよ。でも、もうそんなの関係ないじゃん。どうでもいいんだよ！」

彼は突然大声を上げると、直子を引きずって、車に連れていこうとした。

――もう完全に別人だ。

口調も、態度もまるで違っている。

直子は精一杯の力で振り切ると、急いで会社に駆け戻った。幸い、彼は追いかけてはこなかった。

その夜は同僚に説明して、一緒に帰ってもらった。


元彼による待ち伏せは暫《しばら》く続いた。

付き纏《まと》いで警察にも相談したが、効果はなかった。

同僚に相談をすると、実家の寺で縁切りの祈祷をやっていると教えてくれた。

「あんた絶対信じないと思うけど、受けといたほうがいいよ」

真剣に心配してくれる同僚の言葉に、直子は素直に従うことにした。

何故祈祷を受けようと思ったのか、理由はよく分からない。普段の自分なら鼻で笑っていたかもしれないが、今回は普通ではないという実感があった。

直子は同僚の実家の寺に足を運んだ。

祈祷を受けて、縁切りのお札も受け取った。

それが効いたのかどうかは分からないが、以降、彼からの付き纏いはなくなった。

それから半年ほどして、不意に思い立った直子は一人で稲村ヶ崎に足を運んだ。

理由は分からない。ただその時は、どうしても行かなくてはいけない気がしたのだ。

鎌倉から江ノ電に乗り、稲村ヶ崎駅で降りる。

駅から公園まで歩き、そこから記憶を頼りに柵を乗り越え、奥へと進んでいく。

季節が巡って先日とは印象が変わっていたが、この辺だったかなと、二人で座った場所に立った。

すると足元に、きらりと光る物があった。

恐る恐る指を伸ばすと、それは以前彼が強引に嵌めようとした指輪だった。

リングの内側に、彼の名前と自分の名前が刻まれている。

彼は「あの手が持っていった」と言っていたが、何で落ちているのだろう。

誰かに拾われていないのも不思議だった。

直子は黒い腕の出てきた辺りに穴を掘って、その指輪を埋めて帰った。

それ以来、稲村ヶ崎は二度と訪れていない。

初盆

さおりがまだ十六歳の夏のことだった。

都立高校に通う彼女は、夏休みに同級生の朱美と洋子の女子高生三人で連れ立って、日帰りの湘南旅行へ出かけようと計画を立てた。

当日は早朝に新宿駅に集合し、予約していた小田急のロマンスカーで南へと向かった。車中三人で話し合い、江の島からは江ノ電に乗り換えて、鎌倉までの駅をひと駅ずつ降りて散策する計画になった。

ロマンスカー終点の片瀬江ノ島駅の竜宮城のような駅舎を抜け、本や映画で知っている風景や、初めて歩く海沿いの街並みを眺める。それだけでも少女達はキャッキャと声を上げて楽しんだ。海がキラキラしていると言ってははしゃぎ、潮の匂いが鼻腔をくすぐると言っては喜び、他愛もない時間を楽しんだ。

温泉街のような街並みを抜けていくと、不意に三角屋根の駅が姿を現した。江ノ電の江ノ島駅だ。周遊券を買って鎌倉方面と書かれたホームで待っていると、緑色とベージュに塗り分けられた可愛らしい列車がやってきた。写真を撮ってそれに乗り込む。

駅を出た直後、列車は路面電車のように道路の自動車と並走を始めた。これにも驚きだった。まるで遊園地のアトラクションだ。

まもなく腰越という駅に着いた。ホームに降りると「義経・弁慶ゆかりの地腰越」と看板が出ている。唐突に鎌倉に来たのだと実感した。

「ここは港町なんだよ。あっちに行くと海だけど、すぐ次の江ノ電が来るはずだから、あまり離れないほうがいいかもね」

朱美が説明をした。彼女は以前家族で観光に来たことがあるらしく、少し土地勘があるようだった。次の列車までは十分と少し。街の風景を写真に収めながら駅周辺を歩く。

「そろそろ戻らないといけないかな」

しらす料理の看板を写して、すぐに駅へと踵《きびす》を返す。

次に来た江ノ電は、少しレトロな車両だった。

列車は腰越駅から家と家との間を抜ける軌道を走っていく。すると突然視界が開け、オーシャンビューが目の前に広がった。

少女達が目を丸くしていると、すぐに鎌倉高校前駅に着いた。彼女達はこの駅では降りなかった。全部の駅で降りていると、時間が足りなくなりそうだからだ。

降りなくても十分だった。車窓に映る果てのない青い渚。その右手には江の島が見える。

「凄いね」

「来て良かったね」

車窓から何枚も写真を撮っていると、列車は再び住宅地に入り込み、海が見えなくなった。

残念に思う間もなく七里ケ浜駅へ着いた。三人とも七里ケ浜の地名を知っていたので、この駅では降りることにした。

「せっかくだし、海を見に行こうよ」

先ほどの車窓からの光景が脳裏に浮かぶ。皆賛成した。

改札を抜けて左に折れると小さな川に橋が架かっている。そこを抜けて右に行けば海まで行ける。

橋を渡ろうとしたところで、突然後ろから声を掛けられた。

「すみません」

振り返ると、見た感じは三十代から四十代の和装の女性だった。彼女は三人の中からさおりを選んで話し掛けてきている。

「何ですか」

「あの、申し訳ないんですけど――私と一緒に来てもらえませんか」

女性もやや戸惑っているようだが、それよりも驚いたのはさおりのほうだ。余りに唐突な言葉に、彼女は友人二人の顔を順番に眺めて首を傾げた。

「あの、今から海へ行きたいんですけど」

やんわりと断る。こちらの意図が伝わっただろうかと思ったが、女性は目を伏せて言葉を続けた。

「ごめんなさい。一人ではどうしても怖いので――どうか一緒に来てもらえませんか。帰りたいだけなんです。お時間は取らせません」

天気は快晴。容赦なく降り注ぐ湘南の夏の日差し。うるさく騒ぎ立てる蝉の声。

怖いとはどういう意味だろう。

疑問が頭に浮かんだ直後に、何処からか微かな声が響いた。

「その人を連れてきて下さい」

周囲に視線を巡らせても、声の主の姿はない。だが、その声を聞いた瞬間、さおりはこの人を連れていかなくてはいけないと強く思った。

「あのさ、まだお昼まで時間もあるし、何か分かんないけど、ちょっとこの人と一緒に行ってあげてもいい？」

「仕方ないなぁ。そんなに遠くないよねぇ？」

友人達も二人のやりとりを聞いて納得してくれたのか、女性と一緒に行くことを承諾してくれた。

さおりは女性のほうに向き直り、地元の人間ではないし土地勘もないので、自分からは案内はできないと伝えた。女性はその点については織り込み済みのようだった。彼女はほっとしたのか、顔をほころばせて礼を口にした。

一行は橋を渡り、海とは反対側に歩き始めた。

坂を上がっていく。友人達は小声でまだ何か疑っているような発言を繰り返していたが、さおりには大丈夫だという確信があった。

暫く歩いて住宅街を左折する。

「御自宅は、もう近いんですか？」

「はい。もうすぐです」

その答えを受けて、友人達を振り返る。

「もう少しだって！」

後ろを付いてくる二人の顔色が青ざめていた。何か見てはいけないものを見てしまった戸惑いと恐怖が伝わってくる。

「ごめんさおり！　私達、ここで待ってるから！　大丈夫。絶対待ってるから！」

二人は取り繕うような作り笑いを浮かべると、電信柱の横で立ち止まった。

「え、どうしたの」

急変した態度に戸惑っていると、女性が済まなそうに口を開いた。

「怖がらせてしまったみたいね。ごめんなさい。私ね、もう死んじゃってるの——」

——死んじゃっている？

彼女が何を言おうとしているのかよく分からない。

「だから今日はもう帰らないといけないのに迷ってしまって。ここまでで大丈夫です。案内していただいて、どうもありがとうございました」

彼女の視線の先には寺の門があり、右横には墓地が広がっている。

信じられないが、先ほどの言葉からすると、彼女は幽霊なのか。

友人達は、何かのきっかけで女性がこの世のものではないと気が付いたのだろう。

そんなことを考えながら、さおりは女性を導くようにして山門の前まで移動した。

「御丁寧にどうもありがとうございました。もう大丈夫です。ここからは一人で行けます。本当に助かりました」

彼女は言い残すと、墓地のほうへ滑るように移動していく。

まるで現実感のない光景だった。

女性は一基の墓石の前で立ち止まり、さおりの方に向き直ると、深々と頭を下げた。彼女の横には、いつの間にか老人が立っており、こちらも同様に深く頭を下げている。

さおりも手を合わせて頭を下げ、その場を後にした。

山門を背に足を踏み出すと、何処からか線香の香りが漂ってきた。

「ありがとうございました――」

耳元で女性の声が響いた。


歩いていくと友人達が待っているのが見えた。

心配していたのか、二人は駆け寄ってくるなり、口々に大丈夫かと繰り返した。

「大丈夫よ！　あの人はちゃんと送ってきたから」

その報告に、二人は安堵《あんど》したような表情を見せた。

駅へと戻る道すがら、二人はどうして青い顔をしていたのか説明をしてくれた。

前を歩く女性が、次第に透けて見えたということらしい。

「だから、怖くなっちゃって――さおり一人に任せちゃってごめんね」

謝る二人に、さおりは大丈夫だよと繰り返した。

三人はそのまま海へと移動する。

いつの間にか、お昼の時間になっていた。

帰宅したさおりが、母親に今日の経験を話すと、彼女はカレンダーに視線を向けて、納得したような顔をした。

「今日は送り火の日だから、皆帰っていくのね。帰り道が怖いっていうのは、その人は初めてのお盆だったのかしら」

——そうかもしれない。

さおりは納得した。

あれから何年も経っているが、お盆の度に、あの女性の困ったような顔を思い出す。

でも、もう迷わずに帰っていることだろう。

そう思うことにしている。

砂山

江の島側から見て腰越を越えると、その先は七里ヶ浜。更に稲村ヶ崎を越えると、もう鎌倉だ。腰越の位置は江の島に渡る弁天橋から見て東側に当たる。江ノ電が住宅地の間をすり抜けるように走り、海岸線に顔を出す場所。そこが腰越だ。

腰越には古くからの漁港もあり、漁船がシラス漁や定置網漁を行っている。

地元の魚屋の軒先には新鮮な魚が並ぶ。

伝承によれば、過去、腰越は「子死越」と呼ばれていた。深沢という地に広がる湖に、五頭竜という悪竜が巣食っており、生贄に子供を捧げたことが由来とのことだ。

その後江の島が隆起し、弁天様が降臨された折に、竜は弁天様に一目惚れをして求婚した。だが非道な行いを理由に断られた。翌日、五頭竜は弁天様のもとを訪れて、過去の行いを反省して改心した。竜と弁天様は夫婦となり。五頭竜は善き竜に生まれ変わった。

その後、五頭竜は亡くなったが、そのとき、江の島の対岸で山となって、この地を守ると言い残した。これが現在の竜口山と伝わっている。

昭和四十年代の竜口山の周辺は、海沿いから少し離れた崖に囲まれた谷間のような場所にまで、続々と住宅街ができつつあった。

田宮さんは、その頃まだ小学校に上がるか上がらないかという年齢だった。

田宮さん達がよく行く遊び場は〈砂山〉と呼ばれる、さらさらした砂っぽい斜面の露出する場所だった。砂場兼大きな滑り台のようなものだ。

だが一緒に遊ぶ子供達の中に、一人だけ、「あそこでは遊ばない」と言う子がいた。それが田宮さんの従兄だった。彼はいつも「砂山は臭いから行きたくない」と言っていた。


ある日の夕方、田宮さんが〈砂山〉で友達と遊んでいると、従兄が通りがかった。

「もう帰らないとダメだよ」

彼の口調が、普段とは違う強いものだったこともあり、田宮さんはまだ明るいのになぁと、少し残念に思いながらも、友達と別れて従兄と帰ることにした。

そのとき、背後から呼ばれたような気がして振り返った。すると、〈砂山〉の上に幾つも丸い光が浮いていた。

確か、この光は以前にも見たことがある。飛んで光るものは――蛍だ。

「お兄ちゃん見て、あれ蛍だよ」

ふわふわと空中を動く光を指差すと、従兄は顔色を変えた。

「ここから駆けっこしよう」

彼は背中を向けて駆け出した。

突然走り出した従兄に戸惑いながらも、その後ろを追いかけていく。年上の従兄の足は速かったが、見失う前に家に辿り着くことができた。従兄とは玄関先で別れた。

家に入り、母親に今しがたの話をすると、彼女は困ったような顔をした。

「ああ、お前も見ちゃったのね、それは蛍じゃなくて――人魂よ」

「人魂って何」

「お化けかな。人間のたましいが、火の玉になって空を飛ぶのよ」

母も以前、何かを見たようだった。

「蛍じゃないの？」

疑問を口にすると、母はにっこり笑った。

「今はもう冬よ。蛍はいないわ」

田宮さんは後年、〈砂山〉の辺りで武者姿の幽霊を目撃した話を何度か聞いたこともあるが、その真偽までは分からないという。

弁慶の涙

昭和の終わりの頃の話だ。

当時、加倉さんは湘南や鎌倉方面に出かけるのが好きで、毎週末のようにドライブや散策へ行っていた。

毎度下調べもせず、行き当たりばったりで目に付いた名勝旧跡を巡る日帰りの旅だ。

その日は江の島に車を駐めて橋を渡り、江ノ電のレールを辿って腰越まで歩いて散策をしていた。

江ノ電の腰越駅辺りで、義経と弁慶ゆかりの寺と書かれた看板を目にした。興味を惹かれた彼女は気まぐれに立ち寄ることにした。

加倉さんには、腰越といえば〈腰越状〉という程度の知識はあった。源平の戦いの後で、鎌倉に入ることを許されなかった義経が、頼朝の側近の大江広元宛に書いた弁明書のことだ。だが結局、義経は鎌倉に入ることは許されず、京都へ引き返したと吾妻鏡にも記されている。

そんなことを思い出しながら案内に従って進んでいくと、細い路地を入ったところに「万福寺」と幟《のぼり》が立っていた。江ノ電の軌道を横切り、階段を上った先に寺の山門がある。どうも周囲を見渡しても参拝客は自分しかいないようだ。

早速お参りを済ませ、彼女は境内の散策を始めた。

境内には弁慶が腰掛けて休憩した石があったり、義経と弁慶の当時の資料なども内覧できた。腰越状の下書きなども残されていた。

やはりこの寺は、義経一行が滞在し、腰越状を書いた場所だった。

一通り見て、境内の弁慶の腰掛石で一休みしていると、すぐ横に人が立つ気配がした。

何とはなしに視線を向けると、二メートルを超える巨躯の男性が立っている。

剃髪《ていはつ》した頭。髭《ひげ》面で和装。足元はまな板ほどもある下駄を履いている。

加倉さんは目を見開いた。

今しがた絵や写真で弁慶の姿を見たばかりなので、このような幻覚を見てしまうのか。

いや、恐らくこのお寺の方なのだろう。

そんなことを考えながら男性を観察していると、上のほうから視線を感じた。

ドキドキしながら見上げると、髭面の男性と目が合った。

――じろじろと見て失礼だったかしら。

彼女は目を逸らし、俯《うつむ》き加減に様子を窺《うかが》う。

すると意外な音が聞こえてきた。

それは嗚咽《おえつ》だった。声を詰まらせて泣いているのだ。

さらに敷き詰められた砂利を踏む音が続いた。

その音は加倉さんの目の前で止まった。思わず顔を上げる。すると目の前に滂沱《ぼうだ》の涙を流しながら仁王立ちする巨漢がいた。服装から顔つきまで、何処からどう見ても弁慶だ。

加倉さんはその男性が胸に抱えているものを見て当惑した。まだ若い男性の生首だ。


彼女は特に歴史に造詣が深い訳ではない。

だが、名勝旧跡をそぞろ歩きしているうちに、色々と知識を身につけていた。

武蔵坊弁慶は奥羽へと逃げた義経に同行し、最後は奥州藤原氏である藤原秦衡《ふじわらのやすひら》によって討たれた。自刃するために堂に籠もった義経を庇い、矢を全身に受けて立ったまま絶命したと言われている——所謂《いわゆる》弁慶の立ち往生である。

ここまでは歴史の授業でも知っていたが、問題はその先だ。

二人の首は腰越に送られて検分を受け、そのまま砂浜に捨てられたという。

だが、義経の首はその後、金色の亀に背負われて境川を遡り、現在の小田急線藤沢本町駅の白旗神社付近に流れ着いたと伝わっている。これが白旗神社の縁起だ。

なお、弁慶の墓と呼ばれる「弁慶塚」は、白旗神社からほど近い八王子権現社跡にある。

また、岩手県平泉町と、茅ヶ崎市にも弁慶塚がある。


巨漢の男性の顔には、涙が光って頬を伝っていた。

加倉さんは驚いたと同時に、これは弁慶の霊なのだと腑に落ちたという。

弁慶が義経の生首を持って悲しんでいるのだ。

加倉さんはその場で手を合わせた。すると弁慶はゆっくりと頭を下げ、ジャリ、ジャリと音を立てながら本堂を背に階段を下り始めた。

加倉さんはその後を見届けようと後ろを付いていく。

弁慶は階段を下り切り、海のほうへと向かって歩いていく。

国道134号線との合流地点である小動《こゆるぎ》の交差点で国道を越えると、消波ブロックに囲われた小さな浜があった。彼は浜に降りると突然振り返り、もう一度加倉さんに向かって頭を下げた。

その姿は次第に薄くなり、すぐに見えなくなった。

湘南モノレール

たまに湘南モノレールの底にへばりついている男がいるのだという。

驚いて訊き返すと、キヨさんは微笑んだ。

「信じるも信じないも、あたしは何度も見ていますからね――」

彼女は地元出身の七十代だが、一見そうは見えない。まだ六十代前半の上品なマダムといった風情だ。彼女は二週に一度、湘南モノレールに乗って、ステンドグラスの教室に通っている。

そのときに視る。

湘南モノレールは、大船駅から湘南江の島駅を結ぶ懸垂式モノレールだ。懸垂式の路線は世界でも珍しいものだ。走行しているモノレールを見上げると、線路からぶら下がった箱が移動しているようにも見える。

その箱の底に、二十代くらいの男がへばりつくようにして、周囲を睨め付けている。

目がギョロギョロした痩せぎすの若者が、何故そこにいるのかはキヨさんにもさっぱり分からない。

「でもね、あたしは、その男が今いるなっていうのも分かるんですよ。車内が凄く獣臭くなるから」

キヨさんによれば、いつも片瀬山駅や目白山下駅辺りまではくっついてくるけど、湘南江の島駅に着く頃には、落っこちていると語った。

「ほら、龍口寺さんがあるから。そのおかげで終点まで頑張れないんでしょうね」

キヨさんはころころと笑った。

バラバラ

明代さんは湘南モノレールの片瀬山駅で下車した。

エアコンの効いた車内から、むわっとする湿度の高い空気の中に放り出されてメガネが曇る。流石に海が近い土地だ。都内とは湿度が違う。

暫く歩くと親戚の家が見えてきた。ここは江の島にも歩いていける距離だし、気候も温暖で過ごしやすい。叔父は昔から海が好きだった。終の住処を決めるに当たり、葉山にしようか逗子にしようか、それとも江の島がいいかと散々悩んでいたようだが、流石に観光客がうろうろするような場所は避けたということらしい。


叔父と叔母の家に来るのは久しぶりだ。

雑談をしているうちに、家を建てたときの話になった。遺跡が出て工事が五年止まったという、今までに何度も繰り返し聞いた話だった。

「こればかりは運だから仕方ないけど、煩わしいことこの上ないな」

予定していた移住が五年先になるのは、老齢の叔父叔母にとって、残された時間の楽しみを奪われることだ。それは残念なことだっただろう。

ただ今回は叔父の口から、以前聞いたときよりも詳しい事情が語られた。近所からも室町時代頃の邸宅跡が出たというのだ。

「工事が止まるくらいなら、隠してしまえっていう不心得者もいるからな。ちゃんとしないと、バチが当たるもんなんだよ」

「それ、近所なの？」

そう問うと、叔父はしまったという顔をした。久しぶりに訪問してきた姪っ子の顔を見ているうちに、うっかり口を滑らせたのだろう。

「ほら、久住さんの家があるじゃない。あそこはちゃんとしなかったのよ」

心なしか叔母の声が小さくなった。叔父は渋い表情を浮かべていたが、話を聞いてほしそうな叔母の顔を見ると、そのまま聞き流すという訳にはいきそうにもない。

「どうしたんですか」

叔母は、明代さんの問いを受けて、久住さんのお宅には〈変な幽霊〉が出るらしいのよと、話を切り出した。

遺跡が出ると、自治体に届け出をして、調査をしてもらう必要がある。調査の内容によっては、年単位で工事が止まってしまう。叔父の場合もこれで苦労させられた。

だが、施主によっては遺跡が出なかったことにしてしまうのだそうだ。久住さんがそれ

だった。もちろんルール違反だが、それでも手間も暇も奪われるよりはましだと考えたらしい。

調査で時間と手間を取りたくないとの久住さんの意向を汲んで、工事業者はガラだけ掬《すく》って適当に埋めてしまった。

「それでね。さっき変な幽霊って言ったじゃない」

「そんなに変なんですか」

叔母は明代さんの問いに頷《うなず》いた。

「身体がバラバラなのよ」

——そうだ。叔母は視える人だった。

叔母の言葉によれば、確かに奇妙な話だった。

玄関には女性の右足首から下だけが出る。

一階の客間にはすっくと立った子供の下半身が出る。

風呂釜には顔を伏せて泣いている髪の長い着物姿の女が出る。

庭の隅には子供の上半身。

まるでパズルだ。

「そんな中で暮らしていたから、久住さんの家は、みんなおかしくなっちゃったんだと思うのよ」

「――そこまでにしておきなさい」

叔父が口を挟んだ。あまり他人の家の不幸を語るものではない。

本当にそうだ。不幸な話など、迂闊《うかつ》に語るものではない。

帰りに駅までの道を迂回して、久住さんの家の前を通った。

お洒落な二世帯住宅だが、やけにひっそりとしている。壁伝いに歩いていくと、門の前に、〈管理物件〉と書かれた赤白の看板が掲げられていた。

36

缶

初夏——丁度海の家の工事が始まる頃だった。

その夜、車に六人が乗って国道１３４号線を鎌倉方面から江の島方面に走っていた。男性四人に女性二人の計六人。皆、地元出身である。

季節柄まだそこまで湿度も高くない。浜風も心地よく、腰越を過ぎる頃には一行は夜の浜辺を散歩しようと決めていた。

浜へと降りる階段を下って江の島東浜の浜辺を歩いていると、誰が言い出したのか、浜辺で麻雀をするのも風情があるのではないかという話になった。

丁度雀卓も牌も車に積んでいる。

「邦ちゃん達さ、自販機で飲み物買ってきてよ」

邦子さんと悦子さんの女性二人で、駐車場の自販機まで足を運び、適当に缶ビールやジュース、缶コーヒーを買った。当時はまだ五〇〇ミリリットルのペットボトルは売られていない。

その間に男達はトランクから道具を持ち出し、砂浜に設置していた。

男四人が卓に着いた。

悦子さんともう一人の女性は、脇で馬鹿を始めた男達を肴に飲むことにした。

「今夜は本当に気持ちいいね。珍しいくらい」

悦子さんも邦子さんの言葉に頷く。快適だ。

プシュ。

ロング缶の口からビールの泡が溢れて、足元を濡らした。

凪もほとんど吹いておらず、穏やかな波の音も優しく繰り返す。

今夜は満月。想像していたよりも明るい。

男達も、運転手役の川俣くん一人を除いて、ビールを口に運びながら麻雀牌をかき混ぜている。

そろそろ月も天頂に昇る時刻になった。東局が終わり南入。

女達は観戦するのにも飽きていたが、男達はまだ終えるつもりはないらしい。

そのとき、雀卓の脇に適当に積み重ねていた缶飲料の山が、がしゃりと音を立てて崩れた。皆は一瞥《いちべつ》するだけで、さして気に留める様子はない。

そうしていると、何処からともなくカラカラと響く音が聞こえてきた。

誰も最初は気にしていなかったが、その音は次第に近づいてくる。

手を止めて、全員が音のする方を見ると、波打ち際をカラカラと小さく音を立て、缶コーヒーの缶が転がりながら移動していた。砂に凸凹があっても、それを意に介さないように、まっすぐ雀卓に向かってくる。

「あれ、何だろ」

悦子さんが指差す。月明かりで照らされた缶は、卓から三メートルの距離まで近づくと、すくっと垂直に立った。御丁寧にブランド名の書かれたラベルをこちらに向けている。

次の瞬間、それはくしゃりと縦に潰れた。それを見ていた全員の動きが止まった。

続けて別の場所からも、がしゃがしゃと金属が触れ合う音が聞こえた。

視線を向けると、先ほど崩れた缶ジュースの山だ。缶が次々と音を立てて潰れていく。

炭酸の入っている缶からは、勢いよく中身が吹き出した。

全ての缶がぺちゃんこに潰れた。

「帰ろうよ」

川俣くんの漏らした一言で、四人は何も口に出さないまま雀卓を持ち上げ、駐車場に向かって歩き出した。全員、潰れた缶の山を見もしない。

邦子さんがその沈黙を破った。

「ねぇ、何だったの今の」

「知らねーよ。でも絶対ヤバいだろ。俺達だって中身が入っている缶なんて潰せねーよ」

カラカラカラカラ——。

音が付いてきている。

悦子さんが音のするほうに視線を送ると、アルミ缶が駐車場の隅から転がってくるところだった。

それは近づいてくるなり足元で立ち上がり、軽い音を立てて潰れた。

何かのタガが外れたかのように、全員が叫び声を上げながら逃げ出した。

車の周囲にも、縦に潰れて金属の丸いメンコのようになった缶が、幾つも転がっていた。

恋人の丘

平成の半ば頃の話だという。当時彩也香さんは仕事が忙しく、毎日残業、休日返上で仕事と、なかなか自分の時間が取れないでいた。そんな身も心も疲れ果てていた中で、やっと二日間だけ休みが取れた。彼女は日帰りで江の島へと出かけた。

彩也香さんにとっては、江の島は気軽に行けるパワースポットだった。

日頃の疲れもあり、往復ともにロマンスカーを利用した。十時過ぎに片瀬江ノ島駅に到着。そこから徒歩で弁天橋を渡り、ゆっくりと江の島の散策を始めた。

久しぶりなこともあって、もう何度も訪れた場所にも拘わらず、心は弾んだ。

朱の鳥居を潜って階段を上っていくと、竜宮城の入り口を思わせる瑞心門が聳《そび》えている。それを潜って江島神社へと足を踏み入れる。

人混みに混じりながら、辺津宮、奉安殿と巡っていく。奉安殿には日本三大弁財天の一つ妙音弁財天が祀られている。この弁財天は、全裸に琵琶を抱えた姿だ。

参拝を終えたところで気が付いた。

――あぁ、そういえば奥津宮には亀がいるんだった。

少し離れた奥津宮の天井に描かれた〈八方睨みの亀〉の絵を見に行こう。

彩也香さんは江の島灯台こと、江の島シーキャンドルの下で休憩を取り、続けて島の裏側へと歩き始めた。

久しぶりに八方睨みの亀を眺めた。すぐに岩屋へと降りていき、稚児ヶ淵からは弁天橋の袂《たもと》まで船が出ているので、帰りはそれを利用する予定だった。

だが、鳥居を抜けたすぐ斜向《はす》かいに、〈恋人の丘〉というスポットへの入り口があることに気が付いた。以前から名前は聞いていたが、まだ一度も行ったことがない。

この日はせっかく来たのだしと、案内板を見て進んでいった。

途中は木々の間を潜っていくような細い道で、若干不安にもなったが、進んでいくと〈龍恋の鐘〉と書かれた看板があった。更に進むと海に向かって開かれた絶景ポイントに到着した。見回すと鐘が下がっており、金属の柵には大量の錠前が掛けられている。

――なるほど。こんな場所なのね。

唐突に、龍恋の鐘が勝手に鳴るという話を思い出して身震いをする。

それにしても、観光地にも拘わらず、先ほどから人の姿が見えない。

この奥はどうなっているのだろうと更に進んでいくと、鬱蒼《うっそう》とした林の中に迷い込んだ。

周囲の木々で、海も見ることができない。

海の見える場所から少し離れたが、やっぱり嫌な感じがする。

違和感を抱えながら歩いていくと、テーブルとベンチがある広場のような空間に出た。

どうやらここがどん詰まりらしい。

一休みするかどうしようかと迷っていると、急に冷たい風が流れてきた。

——あ。嫌だ。

急に体温が下がる感覚。急いで戻ろうとした矢先、何かが視界の左隅で動いた。

野生動物だろうか。江の島には猫が多いが、こんな場所にまで来るものだろうか。

彩也香さんはそちらに視線を向けた。

そこには二つの生首が音も立てずにぐるぐると飛んでいた。

余りのことに、足がすくんで動けない。助けを呼ぼうにも、周囲には誰もいない。

見てはいけないものを見てしまった。どうすれば気付かずに逃げられるだろうかと迷っていると、生首の一つと目が合った。

時間にして一秒か二秒。

それは乱杭歯《らんぐいば》を露わにした満面の笑顔を見せると、彩也香さんに向かって飛び掛かった。

余りのことに踵を返し、叫び声を上げて一目散に走って逃げる。

どう走ったかは覚えていないが、視界の先に色とりどりの錠前の掛けられた柵が見えた。

〈龍恋の鐘〉だ。

カップルの姿が何組も見えた。

——助かった！

彼女はそこでは立ち止まらずに、奥津宮の前まで早足で歩き続けた。

石畳の道まで出ると、人通りも多い。目の前にはお茶屋さんがあった。

彼女はそこで休憩することにした。

店頭には〈龍恋の鐘〉と書かれたポップの下に、色とりどりの錠前が並んでいた。店員が、カップルが名前を書いて柵に括り付けるのだと説明してくれた。

アイスコーヒーを飲み干した彼女は、予定通り稚児ケ淵へと急な階段を下りていった。

今でも彼女は年に何度か江の島に足を運ぶ。

しかし、あれ以降、一度も恋人の丘には足を踏み入れていない。

江の島の恋人達

高校生のカップルが、錠を持って恋人の丘のフェンスの前に立っていた。

——ああ、初々しいな。

二人の姿を見て、観光に来ていた智美さんは思った。

「ここで二人で錠を付けると永遠に結ばれるんだって」

はにかんだような顔をして、女の子が説明をしている。

しかし、智美さんが気になったのは、女の子の腕に絡み付いている黒いものの姿だ。

女の子が錠前を付けようとする。

その黒いものが錠を包むように絡み付いた。

髪の毛だ。それも中年女のものだ。

智子さんはそう直感して視線を逸らした。

「あれ、変。鍵掛からない」

「俺がやるよ」

あんなに髪の毛が絡み付いていれば、鍵が掛からないのは仕方がないだろう。

二人は何度か錠前を掛けようと試していたが、結局、錠が不良品という結論になったらしい。そのままぶらりとフェンスにぶら下げたまま、カップルはそこから去っていった。

その姿が見えなくなった途端、その錠はかこんと音を立てて床に落ちた。

よほど二人の仲を嫌がる人がいたのだろう。

智子さんは髪がまだ絡み付いているように見える錠を眺めながら思った。

※　※　※

海風に乗って、鐘の音が周囲に響き渡った。

「あ、誰か鳴らしているみたいだよ」

美樹さんは彼氏とともに江の島を訪れていた。

かつて、江の島には〈カップルで行くと弁天様に嫉妬されて別れる〉といった噂があった。しかし、それも今は昔だ。今や江の島の高台には〈恋人の丘〉があり、相模湾を見下ろせる位置には〈龍恋の鐘〉が設《しつら》えてある。

この鐘を鳴らし、二人の愛を確かにするという観光スポットなのだ。

二人で〈龍恋の鐘〉を鳴らそう。そう考えたが、先客がいるなら、ある程度の間隔を置くのが礼儀だろうか。美樹さんは迷った。

「次、俺達も鳴らそうな？」

慈しむような彼氏の表情に笑顔で頷きながら、鐘の側まで近づいていく。

また、鐘の音がした。結構大きな音がするんだなと思ったが、今回は何となく物悲しく聞こえた。

「え？」

彼氏が間の抜けた声を出した。

鏡張りのボックスの中には誰もいなかった。今しがた鐘を鳴らしていた二人はどこに消えたのか。

「……やめようか」

「先客がいるみたいだもんね」

美樹さん達はそそくさと島を後にした。

※　※　※

その日、優奈さんとその彼氏は、江の島の展望台から夕日が沈むのを眺めた後で、寄り添いながら暗い道を降りていた。

「懐中電灯持ってくるべきだったね」

「こんな時間までいるとは思わなかったからな」

商店街のほうまで出ればもう少し明るいはずなのだが、今通っている道は街灯がやけに暗い。

そのとき、女性の声が響いた。

「いいね！」

軽い声だった。

周囲には二人しかいない。そこに女性が背後から声を掛けてきたのだ。

「いつまでも仲良いといいね！」

腕を組んでいるのを揶揄《やゆ》するような台詞だった。

ムッとしながら、無視を決め込む。

女の声は続いた。

「彼氏に捨てられないといいね！」

「そんなことしねぇよ！」

彼氏が怒鳴りながら振り返った。釣られて優奈さんも振り返る。

だが、そこには誰もいなかった。

「私みたいに捨てられないといいね！」

声だけが通り過ぎていった。

「捨てられないといいね！」

自分達の前方、林の奥の断崖のほうから女の声が聞こえたのが最後だった。

江の島病

夜のドライブに行こうと、梓さんは辰巳から声を掛けられた。他に共通の友人の舞も誘っているらしい。二人とも高校時代からの悪友である。

国道134号線に出て、海岸線を流していく。

「せっかくだから、江の島まで行こうか」

その頃は、まだ夜でも江の島の中に車で入れたのだ。

「それならちょっと待って。コンビニで買いたいものがあるから」

舞の言葉を受けて、車は鵠沼《くげぬま》海岸のコンビニに寄った。

江の島に続く橋を渡ってヨットハーバー方面に折れた。どん詰まりのロータリーでターンして、聖天島《しょうてんじま》公園のトイレの横に車を駐めた。

舞の説明によれば、江の島には野良猫が多く住んでいるらしい。

その猫たちに会いに行きたいというのが彼女のリクエストだった。

彼女が途中のコンビニで買ったのは、猫用のドライフードだった。

車を降りて、餌を片手に公園に踏み入る。

——あれ。これ何だろう。

梓さんは戸惑った。

急に足が重くなった。奥に進むにつれてますます酷くなる。ついには頭も痛み始めた。

疲労感に耐え切れずにベンチに座ると、立ち上がる気力すら奪われた。

もう動けない。

——どうすればいいんだろう。

そのとき、ニャーニャーという可愛らしい鳴き声が聞こえた。顔を上げると、少し離れた場所にいる舞と辰巳の足元に、沢山の猫が集まっていた。

だが、同じように餌を持っていても、梓さんの側には一匹も近寄ってこない。

頭痛が酷い。吐き気がする。

急な症状だが、心当たりがない。


「大丈夫？」

調子が悪いのを心配した二人が声を掛けてくれた。しかし、それに返事をしようにも、軽く手を持ち上げることすらできない。

二人が駆け寄ってきて、肩を貸してくれた。そのまま車に戻る。

すぐに島を後にした。助手席を倒して横になると、意識が遠のいた。


気が付くと、車は鎌倉を過ぎ、逗子を過ぎ、葉山の海辺を走っていた。

まだ頭痛は続いていたが、何とか会話ができるほどには回復した。

帰りの車内で舞はずっと黙っていたが、再度島に通じる橋の袂を通り過ぎたときに、突然奇妙なことを言い出した。

「梓ちゃんが調子悪くなったのって、〈江の島病〉じゃないかな」

「何それ」

聞けば舞には暴走族の友人が何人かいるらしい。〈江の島病〉とは、その何人かが冗談めかして言っていた症状だというのだ。ほんの数人の間だけで通じる符牒《ふちょう》のようなものらしい。


当時、湘南を走る暴走族のコースでは、江の島を含めることが必須だった。

だが、暴走族の中には、江の島に来ると頭痛がする、調子が悪くなるから嫌だと不満を漏らすメンバーが何人もいたという。

江の島に渡ると症状が出るから〈江の島病〉。

頭痛や疲労感だけでなく、平衡感覚がおかしくなって、事故を起こした者もいたらしい。

どうやら江の島には、合う合わないがある。

そんな話だった。

「だから梓ちゃんも、そういう体質なんだと思うよ」

――そんなことってあるのだろうか。

「島の裏側って幽霊が出るっていうしね。もしくは弁天様に嫌われてるとかかな」

舞のいい加減な説明に対して、梓さんは苦笑するほかなかった。

後日、彼女は昼間に江の島を訪れた。舞のいう〈相性〉とやらが気になったからだ。

最初は信じていなかったが、実際に場所によっては強い頭痛が起きたり、身体の調子が悪くなった。

今は〈江の島病〉を理由に、江の島には足を踏み入れないことにしている。

裏道

平成の初めの頃の話。

今も当時も有希さんは江の島が好きで、友人達と一緒によく訪れる。

彼女は都内に住んでいるが、湘南方面にも友人が少なくない。よく連絡を取るそれらの友人達に江の島の話を振ってみた。すると皆、久しぶりに江の島に行きたいと言い出した。

それならみんなで遊びに行こうよと、その場で日程を決めた。

参加するメンツは、有希さんと綾子の女性二人と、良二と竜也の男二人の合計四人に決まった。

江の島を初めて訪れる人がいるなら、案内するために神社の表参道を通っていくルートを取るところだったが、この日は通い慣れている人間ばかりだった。

そこで島の裏側にある稚児ヶ淵へのルートを、ショートカットすることにした。具体的には、江島神社の赤い鳥居を入ったらすぐに派出所方面に曲がって、そこからまっすぐ小道を進むルートだ。

これは島に住んでいる人々の生活道で、島の西側を通る道だ。ここを抜けていけば、目的地の稚児ヶ淵への中間点よりもやや先で本道と合流できる。表参道よりも観光客が少ないので、左手側に山、右手側に海を見ながらのんびり散策できる。

四人で喋りながら歩いていると、突然一本の木が折れて、有希さん達の目の前に落ちてきた。

「うわ。危ねぇ」

落ちてきた木は、当たったら怪我では済まされないほどの太さがあった。男二人でもなかなか動かせない。それを何とかずらして通れる隙間を確保した。

こんなことは、四人が江の島に通い始めてから初めてのことだった。台風の後などならまだしも、まずこんなことが起きるはずがない。

そんなことを話していると、良二が冗談交じりの口調で言った。

「誰かが行く手を阻んでんじゃゃないの？」

「じゃ、この先でも何か落ちてくるかもよ」

「頭に当たったら怪我じゃ済まないから気を付けろよ」

やんちゃだった当時の四人は、そんな戯《ふざ》けたような会話で笑い声を上げた。

だが、その笑顔はすぐに消えることになる。

程なく大きな枝が降ってきたのだ。

「痛ってぇ！」

落ちてくる枝が当たったのか、先頭を歩いていた良二の腕に浅く傷が付いていた。軽症だが、傷口からは血が滲んでいる。

「え、良二大丈夫？」

綾子が駆け寄って、鞄から絆創膏《ばんそうこう》を取り出した。

「変な冗談言ってるからだよ」

手当をしながら、綾子が口を尖《とが》らせた。

「いや二度あることは三度あるぞ」

竜也が戯ける。

「先に行くよ！」

有希さんと綾子は竜也の冗談には構わず、そのまま先を歩いていく。

もう少しで本道への合流地点だ。先を急ぐ必要はなくても、それでも歩みが速くなる。

そのとき、後ろから叫び声が上がった。

「痛ってぇ！　今日は一体何なんだよ！」

振り返ると、竜也が頭を押さえて蹲《うずくま》っている。駆け寄って説明を聞くと、彼の頭に拳ほどの大きさの石が落ちてきたというのだ。

触ってみると、大きなたんこぶができている。

偶然にしては重なり過ぎだ。

「冗談言うと、その人が痛い思いするんだから、もう本当にやめな」

有希さんは男性陣に向かって語気を強めた。

だが、良二も竜也も悪ふざけを止めようとしない。

聞く耳を持たない二人に呆れながら、先を目指す。

本道へ合流し、そのまま道なりに稚児ヶ淵へ階段を降りていく。

更にそこからコンクリートの歩道橋を渡って岩屋へと向かう。

この日の岩屋の中は、珍しく他に人がいなかった。

もう四人とも何度も訪れている場所のため、特にまじまじと中を見ることもない。だが、順路の途中で、また思い出したように良二が戯けた声を上げた。

「こういう所から手がにょきにょきって出てくるんだよな」

「またバカなこと言ってると掴まれるよ」

綾子が叱る。今日は男達がまるで子供だ。その振る舞いに呆れつつ先に進む。

岩屋の突き当たりで折り返したときに、綾子が突然悲鳴を上げた。

驚いてそちらを振り返ると、通路の横の岩から数本の腕が伸びて、彼女の腕を捕まえている。その異様さに三人は動けなかった。だが、有希さんが「助けなくちゃ！」と声を上げると、一斉に綾子をその腕から引き離した。

一行は足早に岩屋を出て一呼吸吐いた。もう冗談を口にできるような状態ではない。綾子の顔は青ざめ、良二も竜也も神妙な顔をしている。

「あれなんだよ。あり得ねぇだろ！」

だが、事実綾子の腕には指を広げた形の青痣《あざ》が、幾つも残っている。

「――何か冷たいものでも飲もうぜ」

休憩と気分転換を兼ねて、いつも立ち寄るお茶処に移動を開始する。

お茶処では改めて裏道での怪我や岩屋での手の話になった。

「おい、お前ら自分の腕見てみろよ！」

良二が大声を上げた。全員の腕に沢山の痣と指の痕が浅黒く刻まれていた。

赤外線

「夏は最高の季節だぜ」

吉田さんはそう断言した。

精密機器の設計を行う会社に勤める薬師寺さんには、吉田さんという同僚がいる。彼の趣味はカメラだ。仕事中にも暇を見つけては持ち込んだカメラの調整をしている。業務と一部被っているので、注意することもできない。

彼は暇を見つけては浜辺へと足を伸ばしているらしく、ひょろりとした外見の割には真っ黒に日焼けしていた。

「海の写真っていいですよね」

薬師寺さんが吉田さんの発言に反応すると、彼はすっと視線を逸らした。

「そうだね」

冷えた声が返ってきた。それ以上会話は続かなかった。吉田さんがそそくさとその場を離れてしまったからだ。

得意なはずの写真の話題なのに、どうしてあんな反応なのだろうと思っていると、もう一人の同僚が教えてくれた。

彼が暴露してくれたところによると、吉田さんの趣味はまるで褒められたものではなかった。夏の浜辺へと繰り出し、水着姿の女性を盗撮するのが専門とのことだった。なるほど、先ほどの夏の話はそこに繋がるのか。

「最低ですね」

「最低だよなぁ」

同僚は笑顔を見せたが、吉田さんの趣味を知っているということは、その成果を見せてもらったことがあるのだろう。自分を棚に上げるこいつも最低だ。

死ねと思いながら愛想笑いを返す。

「でも、懲りないよなぁ、あいつ」

彼は吉田さんから聞いた話を教えてくれた。


吉田さんは海開きの日にカメラを片手にビーチへと向かっていた。

真夏の休日。しかも晴天とくれば、流石に人出も多い。これならば写真を撮っていてもあまり気にする人もいないだろう。

海の家から「湘南乃風」の曲がビーチに流れている。

彼が手にしているのは、赤外線透過フィルターの付いたカメラだ。

それで写真を撮ると、水着が透けて写るのだ。最近は赤外線撮影対策のインナーを着込んでいる女性もいるが、一方で無頓着な女性だっている。

吉田さんはターゲットとなる女性を見つけた。脇腹にワンポイントのタトゥーが入っている。濡れた水着がセクシーだ。濡れているほうが赤外線の透過率が高い。

——夏は人を解放的にするね。

そんなことを思いながらシャッターを切る。

パシャリと一眼レフのシャッター音が響く中、何か違和感を覚えた。

次のターゲットは、海から出てきたばかりの小麦色の肌をした美人だ。

その女性を撮ったときだった。何か変なものが見えた気がした。

ファインダーから視線を外して、肉眼で確認したところ、特に変なことはなかった。

何か引っ掛かるものを感じながら、またその美人を追いかける。

数十枚撮影をしてから、三人目の女性にターゲットを変えた。


——そろそろいいかな。

休憩を兼ねて一度車に戻って成果を確認する。

吉田さん好みの女性が、くっきりと映し出されているのを確認していく。

カラー情報は失われているが、別の情報が写し出されている。

にやにやと口の端を歪めながら、次々と写真をチェックしていく。

いまいちの角度、全身が写っていない写真は消していく。

タトゥーの女性の次は小麦色の肌の女性。彼女は一番の好みだった。

しかし彼女の写真には、全て奇妙な写り込みがあった。

赤外線透過フィルターを使って撮っているのだから、水着が透けて肌が見えるはず。

少なくともインナーくらいは写るはずだ。

それが見えない。

それどころか奇妙なものが張り付いている。

何枚かの写真を液晶画面で拡大して見ていくと、明らかに人間の手だ。

彼女の身体にしがみつくようにした手が、水着の下に写っている。

タトゥーの可能性も考えたが、どう考えても違う。こんな気持ちの悪いタトゥー柄などあり得ない。

様々な角度から撮った彼女の全身写真には、全て手が写り込んでいた。

——これはお蔵入りだな。

ファイルを消して、吉田さんは再び浜辺に向かった。

「それからもたまに撮れるみたいだぜ。女の子だと思って写真を撮ると、その背後にスーツの男を背負ってたり。誰もいなかった場所に、男が写り込んで女の子を隠してたり。しかもこっちを睨んでいたりするんだとさ。写るのが海で死んだ奴なのか、女の子が背負って連れてきたのかは分からないけどな――」

吉田さんは何度も変な写真を撮っているが、懲りずに盗撮写真を撮りに、浜へと繰り出している。

「――早く捕まれって、ずっと思ってるんですけどね」

薬師寺さんは苦虫を百匹ほど噛み潰したような表情で口にした。

第二章　鵠沼海岸から辻堂海岸

サーフボード

橘さんは中年といっても良い年代になってから再びサーフィンを始めた。

彼は、事ある毎に、友人の森本さんにサーフィンを一緒にやらないかと誘ってくる。

海が近いし、海が好きならやるべきだ。鵠沼海岸は日本のサーフィン発祥の地。絶好のロケーションなのだから、これを楽しまないのは損だよ。

毎回そう言って誘うのだ。情熱的に語る彼は本当に海が好きなのだろう。

一方で森本さん自身はそこまででもない。毎度自分はもう海に入るような体力はないよと流しながら、話に耳を傾ける役だ。

その日もビーチにほど近いカフェでコーヒーを飲みながら、海談義が始まった。

砂浜が後退している話、そこに砂を運び込む話。

そんな話をしていると、途中からサーフィンの話になった。いつもの展開だ。

今回はサーフボードの話だ。

「やっぱりね、ショートボードもいいけど、ロングもいいんだよ。僕は森本さんにもロングのほうが合ってると思う」

彼はどうやらロングボードが好きらしい。そういえば彼はどちらのボードも持っていた。気分次第で使い分けるのだろう。

ショートボードとは、一般的に言えば六・二フィート以下、両手を広げた長さ程度のサーフボードをいう。ロングボードは九フィートほどの長さだ。ものによっては三メートルを超えるものもある。

話によると、橘さんはめったに新品のボードを買わないのだという。中古のボードを買ってきて、自分好みに調整して使うことが多い。新品を買うよりもリーズナブルなのが理由で、相場を訊くと、確かにその値段なら今から始めるのにも良いかもしれない。

――いかんいかん。乗せられてしまうところだった。

顔に出さずに心で苦笑いをする。

「でも中古で買うときには気を付けなきゃね。僕もどう気を付ければいいか、よく分からないんだけど、それでも注意するに越したことはないよ」

橘さんは過去に、おかしなボードに当たったことがあるらしい。

「そいつは鳥のマークが付いてたんだよ。青と白のロングボードでね。見れば見るほど、これは掘り出し物だって思ったから、喜んでレジに持っていったのさ」

普通なら中古品であっても値段の張るブランドもののサーフボードだったという。それが、相場の半額以下。心を躍らせながら店員を呼ぶ。

「でもねぇ、買おうとしたら、店員が返品は受け付けませんから、なんて言うんだよな」

しかし安く手に入るのだから、気に入らなければ返品などせずに、ネットオークションに出してしまえばいい。元は取れるはずだ。

橘さんは、買ったロングボードを抱えて帰り、壁にロングボードを立てかけた。

確かに中古品ではあるが、傷みがある訳ではないようだ。

何故あんな安値だったのだろう。

よく分からない。

青と白に塗り分けられているボード。しかし、どうも鳥のマークが気に入らない。

「後で塗り直すか」

まずは乗り心地だと、翌朝ボードを抱えて海へと向かう。道中足元からゾワゾワした感覚が立ち上がった。

興奮のために、身体が震えているのだろうか。

きっとそうだ。新しいボードを手に入れて、嬉しくて仕方なかったからだ。そう自分を納得させることにした。

その朝の波の様子は理想的なものだった。これは良いと意気軒昂《けんこう》で海に入る。

いざ波に乗ると左足に違和感を覚えた。

あ、と思ったときには、左側にずるりと滑って海面に落ちた。タイミング悪くボードが額に当たった。意外と傷が深かったらしく、血が出ていた。塩水が傷口にしみた。

「——怪我もしちまったし、ゲンも悪い。あとさっきの滑ったのは、こりゃ塗装が悪いんだってね。家に帰って表面を削って白と水色に塗り直したんだよ。鳥のマークも削ってね。それからワックスもきちんと塗ったさ。でもなぁ」

橘さんはそこで一旦話を区切ると、コーヒーの追加を頼んだ。


塗料も乾き、額の傷も癒えた頃、塗り直したロングボードで波に挑んだ橘さんは、先日と同様に、何度も左側へと落ちた。

こんなに滑るのは何がおかしいのだろう。

試しに愛用のボードに乗ってみたが、そのときには特に不具合は感じないのだ。やはりこの新しいボードを乗りこなせていないらしい。

「海に通って三回目だったかな。あんまりにも落ちるのはおかしいってんで、左足を見たらさ、足の甲に赤い痕が付いてるんだよ」

痕は爪で引っ掻いたように見えた。


翌日も海に出たが、もう例のボードを乗りこなすのは諦めていた。

ただ納得がいかないのは、左側に滑って落ちる理由だ。

それが知りたくて、何度もボードに立ち上がっては海中に滑り落ちるを繰り返した。

だが、幾ら試しても理由はよく分からないままだった。

「もう諦めて売っちまうか——」

最後にもうひと乗りしよう。


「最後に乗ったときに左足の甲をちらっと見たんだよ。そうしたら青白い手が左の足の甲をがっつり掴んでいてな」

その手が毎回引っ張って、滑っていたのだと、橘さんは理解した。

だが、理由は分かってスッキリしたが、何とも気持ちが悪い。幽霊は何度か見たことがあるが、早朝の日差しの中で目撃するのは初めてだった。

慌てて家に帰って橘さんがやったことは、サーフボードをぶった切ることだった。

店で見たときにはいいボードだと思ったけど、幽霊が憑いているとなると、今後何が起きるか分からない。場合によっては命に関わることもあるだろう。

「それでどうしたんですか」

森本さんのその問いかけに、橘さんは大変だったよと答えた。

「あのまま使ってもいいことがないだろうから、ショートボードに加工したんだよ。削って、塗り直して全面変えてね。でも、少し使ってみたけど、足は引っ張られることはないんだけど、やっぱり気持ち悪くてね」

森本さんが現状を訊くと、下取りに出したよとの返事だった。あっけらかんとしたものだ。

「目印代わりのシールも貼ってね。まぁ、ただ同然みたいなもんだったけどね。だから、白と水色に塗り分けた中古のショートボードは手を出さないほうが良いよ」

その話を聞いた森本さんは、今後サーフィンはするまいと心に誓った。

ただ、今でも橘さんは彼を海に誘うのを諦めてはいないようだ。

先輩達の部屋

平塚に住んでいる士朗くんとその先輩達の話。

先輩達は小学校時代から悪ガキで通ってきた三人組だ。名前はそれぞれ、健太、敏弘、航介という。皆、士朗くんより二つ上で、いつも可愛がってくれている。

先輩三人は高校を卒業した辺りからサーフィンを始めた。出身は都内なので、当時は車にボードを載せて一時間ほど掛けて湘南まで通っていた。ただ、それも一年ほどのことで、それ以降は三人で家賃を出し合って、江の島からもほど近い鵠沼海岸に2DKのマンションを借りた。

三人とも趣味はサーフィン一本で、週末や有休を取ると、前日の夜からその部屋に泊まり込んでいた。ごく稀にカーシェアの車で乗り付けて、コインパーキングに駐車することもあったが、基本的には新宿から小田急江ノ島線でマンションの最寄り駅まで移動するというスタイルである。

サーフィンを楽しむには、人のいない早朝の海がいい。冬場を除いて年間を通して昼間は観光客が多く、水遊びに興じる家族連れも少なくない。場所によってはそんな中で波乗りなどしようものなら怪我をさせてしまう恐れもある。特に彼らのマンションから目と鼻の先にある鵠沼銅像前は、日本一混雑するサーフポイントともいわれている。

始発が動くよりも前から波を楽しみたい三人にとって、この部屋は仕事帰りに手ぶらでサーフィンをするための基地なのだ。昔、バブルの頃に苗場や湯沢にスキー用のリゾートマンションを買うことが流行った。それと同じようなことをしている訳だ。

借りているのは国道134号線に面した華やかなファミリー向けのマンションではなく、そこから一本二本入った裏手の狭い通りにある、小さな物件だ。

少しヤレた感じだが、外見はコンクリート打ちっぱなしで、見ようによってはそれなりにお洒落に見える。エントランスの脇には湘南の海辺の物件にはありがちなシャワーも設えてあるので、サーフィンを楽しんだ後の全身を洗い流すこともできる。

ただ、日当たりはあまり良くない上に、不動産屋の説明では事故物件らしい。だがそれを条件に、賃料が周囲の相場の半額以下だ。どうせ週末くらいにしか利用しない。だからそこまで気にする必要はないだろう。そう考えて契約に踏み切った。波乗りバカで稼ぎはあまり良くない彼らにとっては、うってつけの物件だった。

士朗くんを含めた四人とも三十代後半である。士朗くんは既婚者だが三人は未婚だ。彼らは今も都内の地元に住んでいる。そこまで話すと、士朗くんは頭をかいた。

「お三方とは同郷なんですけど、俺は数年前に仕事の関係で平塚に引っ越しまして。三人と違って、サーフィンは越してきてから始めたんですよ。まぁ、暫く続けましたけど、今はそんなに情熱はないといいますか――まぁ、もうやらないと思います」

士朗くんはむしろキャンプのほうに興味があるそうだ。

だが、聞けば士朗くんの家は平塚の袖ケ浜に近いらしい。袖ケ浜や虹ケ浜も湘南のサーフポイントとしては好条件のはずだが、どうしてサーフィンにそこまでの情熱がないのかと訊くと、その三人の先輩が関係しているとのことだった。

ある年の初秋のこと。先輩達は三人でその部屋に泊まり込むことにした。一人二人で泊まることはよくあるのだが、三人が同時に利用するのは珍しかったらしい。

そこに士朗くんが呼ばれた。

お前の家もそんなに遠くないんだから、車にバーベキューセット載せてこいよ。浜辺でバーベキューしようぜ。夜は泊めてやるから、朝からサーフィンして遊ばないか――。

何とも都合の良い話だが、夏の間に先輩達にバーベキューセットを買ったと散々自慢したのは士朗自身だ。手に慣れてきた愛用のコンロを三人に自慢したい気持ちもある。しかも食材の代金は酒代込みで三人が持ってくれるとの提案だった。

そう聞いて俄然やる気が出てきた。駐車場代を出してもお釣りが出る。炭や着火剤を用意し、バーベキューコンロを磨く。ピザストーンも持ち出すことにした。

クーラーボックスに氷を詰めて、肉屋魚屋スーパーマーケットを巡り食材を仕入れた。

士朗くん自慢のバーベキューコンロも、食材も大好評だった。


「――流石に秋になると観光客も少ないな」

キャンピングチェアの肘掛けから、健太がビールの缶を持ち上げた。

散々飲み食いしてくだらないことで笑って、真面目にサーフィンの話をして、気が付けば夕日が周囲を赤く染めていく。

「今日は士朗も泊まってって良いんだろ」

「もうビール飲んじゃいましたから、泊めていただかないと困ります」

「網とかコンロとかは、このまま車に持っていけばいいのか」

「ええ。家で洗いますから」

そのとき、航介が思い出したように口にした。

「マンション、三人以外は泊まれないんじゃなかったか」

一体何の話だろう。訊ねると、三人はマンションを借りるに当たって決まりを作ったらしい。

友人知人彼女といえど部屋に連れ込まない。キッチンは汚さない。トイレと風呂はきちんと綺麗にしてから帰る。ゴミは全て持ち帰る。

最初のものは人間関係対策で、後のものは三人の苦手な昆虫対策だ。

したがって、食事は基本外食となる。飲み物くらいは持ち込んでもいいが、つまみといえども食べ物はダメだ。部屋にマットレスと毛布はあるが、基本的には自前のシュラフに包《くる》まって寝る。ストイックな決まりだが、あくまでも三人の借りている部屋は、サーフボードやウェットスーツを置いたりメンテナンスをするための倉庫という扱いなのだ。

だが、士朗は長年の付き合いでもあるし、今回は例外的に良いだろう。むしろ士朗も三人のうち誰かと一緒なら泊まれるようにするべきだという話になった。


「すげぇ整理されてますね」

三人の借りている部屋に踏み入れると、士朗は感嘆の声を上げた。

壁に自作のハンガーが据え付けられており、色とりどりのサーフボードのコレクションがずらりと並べられている。サーフボードは、ショートロング合わせて十本は下らない。

他にもメンテナンスをするためのワックス台、洗ったウェットスーツを掛けるためのスチールラックがふた竿。先輩の説明通り、倉庫のようなものなのかもしれないが、それよりはショップのバックヤードのようだと士朗くんは思った。食事をするための家具がないことも生活感を減らすのに一役買っているのだろう。

「まーな。今日はもう寝て、明日は五時前からビーチに出るから。あ、寝室はそっち。適当に寝て」

先輩方は士朗の言葉にまんざらでもない表情を浮かべた。やはり第三者に褒められるのは嬉しいのだろう。

「五時前ですか。早いっすね。俺朝弱いんで、起こして下さいよ」

そんなことを言い合いながら、別室に移動してマットレスに転がる。

ライトを消して、四人は眠りに就いた。

まだ深夜といえる時間に、突如の轟音で起こされた。

「うっわ！」

健太がいち早く音を立てた部屋に移動して、叫び声を上げた。

「何だよこれ！」

慌てた他の三人も駆けつける。

部屋に入ると、サーフボードが床にばら撒かれていた。壁のハンガーが折れたり曲がったりしたのかと思ったが、そうではないようだ。

「これ、どうしましょう」

サーフボードを前に士朗くんがおろおろしていると、敏弘が玄関のドアを開いた。

「——ちょっと外出ようぜ」

徒歩で深夜も営業しているハンバーガー屋に向かう。

「あそこはやめようぜ、二階に出るだろ」

航介が反対したが、今の時間だと、あそこくらいしかやってねーだろと健太と敏弘が言い返す。

「出るって何ですか」

「お化け」

結局海沿いの国道に出て、ハンバーガー屋に入った。お化けが出ると真顔で先輩が言うのも士朗くんには不思議だった。

「——どうすっかな。朝には落ち着いてるかな」

「無理じゃね」

横から聞いていると、どうも同様のことは過去にもあったようだ。

「士朗、ごめんよ」

視線を感じたのか、航介が頭を下げた。

「あの部屋、お化けが出んだわ」

女の幽霊が出るとの話だった。しかし、今までにこんなことはなかったという。

「三人揃って泊まったことないし、士朗もいたからなぁ。それが理由かどうかはよく分からんけど」


その後、夜が明け切った頃に部屋に戻ることにした。

階段を上がり、部屋の前に立つ。

「何か臭いな」

確かに磯のような臭いが廊下に満ちている。

健太が鍵を開けると、玄関が水浸しだった。

「畜生。もうどうしようもねぇじゃんか」

靴のまま奥の部屋まで行くと、敷き詰められたグレーの絨毯《じゅうたん》にはたっぷりと水分が含まれており、踏む度に透明な水が滲み出た。それが潮の香りを上げる。

「海水じゃんか」

敏弘さんが呟いた。顔色が悪い。その発言を聞いて、他の二人の先輩達も顔色を変えた。

「あいつ、海から出てきたのかよ」

士朗くんには先輩の話している内容が理解できない。ただ、何か異常なことが起きたことだけが伝わってくる。

先輩三人は小声で何かを話し合っていた。全員の顔色が青くなっている。

「士朗、すまないけど、俺達の家まで送ってってくれるか」

始発までもうすぐだ。しかし先輩達をこのままにして帰る訳にもいかないだろう。

その日は彼の車で三人を都内まで送っていった。

車中、先輩達は始終無言だった。

最後に降ろした航介が「高速代とガス代。取っといて」と一万円札を渡してくれた。

先輩から連絡が入ったのは、バーベキューから一カ月と経たない頃だった。

「士朗、ヤバいわ。俺達あの部屋もう借りんのやめるわ」

理由は、恐らく先日のあれだろう。

ただ、それ以来、三人の先輩の誰とも連絡が取れなくなってしまった。

携帯電話に連絡を入れても出ない。

一応電話が通じているので、生きてはいるのだろう。

先輩達との縁が切れてしまったのは残念だったが、突然の別れは人生において珍しいものではない。


去年の年末に、士朗くんは久しぶりに鵠沼に足を運ぶ用事があったという。

戯れに以前先輩達が借りていたマンションの前を車で通過した。

マンションの前のシャワーは、誰も使っていないのか真っ赤に錆びていて、マンション自体にも人の気配がなかった。

――もう二度とこの前は通らないようにしよう。

士朗くんは金輪際サーフィンをする予定はない。持っているサーフボードも、近いうちに売りに行こうと考えている。

鴨男

川本さんは、小田急線鵠沼海岸駅近くの引地川沿いに住む四十代後半の主婦だ。

彼女は明け方にウォーキングをするのが趣味だ。最初はダイエットのために始めたのだが、今では雨の日以外は毎日コースを決めて歩きに行くほどに入れ込んでいる。

そんなある朝のこと、川本さんが川辺を通るコースを歩いていると、フェンスの下で鴨が鳴き出した。縄張りを宣言するように、大きな声でグァアグァアと繰り返している。

へぇ、鴨ってこんな感じに鳴くのねえ。

川本さんは興味を持ち、すぐ先にあった橋の欄干から川面を覗き込んだ。

しかし、そこに鴨はいなかった。代わりに薄いグレーのつなぎを着た一人の若い男が、水面にしゃがんでいた。

男は水の上に浮いているように見えた。足を水面に置いて、相撲の蹲踞《そんきょ》のような姿勢で腰を下ろしている。

奇妙な光景に、この人は何をやっているのだろうかと考えた。同時に、先ほどまで鳴いていた鴨のことも気になった。鳴き声は既に止んでいる。周囲に鴨がいる気配もない。

きっと人の気配を感じて逃げてしまったのだろう。そう思って橋から立ち去ろうとしたときのことだ。

男が川本さんのほうに顔をぐっと上げた。睨みつけるような鋭い視線だった。

その視線を受けて、彼女は息を呑んだ。

変な男に目を付けられてしまった。急いで逃げなくては——。

そう考えたのだ。

だが男は、その場でしゃがんだまま、グァアグァアと先ほどの鴨の声で鳴き出した。

川本さんには、目の前で何が起きているのか理解できなかった。

一体この人は何者なのだろう。

声帯模写の芸人か何かだろうか。

もちろん答えなどあるはずはない。

その直後に、川本さんをより一層混乱させる出来事が続いた。

作業服の男は、大きく両手を広げて二、三度羽ばたかせたと思うと、海のほうへと向かって飛び去っていった。

かごめかごめ

「かごめかごめ、という遊戯があるじゃないですか。今はどうか分かりませんけど、多分それでも幼稚園とか保育園とかで、一度くらいは遊んだことがあると思うんですよね」

海が近いカフェで待ち合わせた美里さんは、世間話の途中でそこまで口にすると、一度言葉を区切った。冷めてしまったコーヒーを一口含み、外の景色に目をやりながら、再び言葉を繋ぐ。「湘南でも私の育った地域だけなのかもしれませんが、かごめかごめを午前中にやると、災いが起こるって言われていたんです」

彼女は藤沢市の海側の出身だ。近隣を江ノ電が通る環境で育ち、就職で一度都内に出たが、結婚してから再び気候のいい湘南に戻ってきた。

当時、彼女はまだ小学校低学年で、夏休みが明けて暫く経った頃だった。

土曜日の午後に美里さんは、近所に住むゆりちゃんという同級生と遊ぶ約束をしていた。

お昼を食べたら遊びに行くからね。一緒にゲームして遊ぼうね。

そんな約束を楽しみにしていると、約束通りの時間に呼び鈴が鳴った。

玄関のドアを開けると、顔中に包帯を巻いたゆりちゃんが、硬い表情をしたお母さんに連れられて、ドアの前に立っていた。

「ゆりちゃん、どうしたんですか」

驚いた美里さんが問うと、ゆりちゃんのお母さんが答えた。

「ごめんね。遊ぶ約束してたけど、この子さっき階段から落ちちゃって、今病院に行ってきたの。約束はまた次でも良いかしら」

もちろん嫌とは言えない。何と返して良いか分からず、無言で頷いた。

「……かごめかごめ」

ゆりちゃんはそう呟くと、ボロボロと大粒の涙を流し、挙げ句に声を上げて泣き始めた。

そんな彼女の手を引いたお母さんが、玄関から出ていった。


「怪我、大丈夫?」

月曜日に登校してきたゆりちゃんに、美里さんは訊ねた。包帯は取れたみたいだが、まだ顔に何枚も貼られた絆創膏が痛々しい。

「……うん。大丈夫。あのね。あれ本当だった。かごめかごめの話」

美里さんも、話だけは聞いていた。お昼前にかごめかごめをやると良くないことが起きるという噂だ。出どころは何処か分からない。しかし、彼女が通っていた保育園でも、午前中にかごめかごめをした記憶がない。

「土曜日に、うちのアパートに住んでる子達と、かごめかごめしたんだ」

男の子二人と、女の子一人の四人で遊んだが、ゆりちゃん以外はその噂を知らなかった。何度かかごめかごめで遊んだ後で、兄弟が母親に呼ばれて買い物か何処かに出かけていき、女の子も部屋に戻っていった。遊び相手のいなくなったゆりちゃんは、部屋に帰ろうとした。玄関に続く三段ほどの階段で足を滑らせ、顔面から落ちた。階段の角で目の縁をざっくり切った。もし眼球に直撃したら、危うく失明するところだったらしい。

「それでよく聞くと、実はゆりちゃんだけじゃなかったらしいんです」

兄弟の乗っていた車はもらい事故で家族全員が軽いむち打ちになり、女の子は日曜日の夜明け前に救急車が来て、そのまま入院したという。

土曜日の朝にかごめかごめをした全員が、何かしらの形で酷い目に遭っていた。

美里さんは今、子育ての真っ最中だ。まだ上の子が三歳で、下の子が生まれたばかり。子供達には、かごめかごめのことは、絶対に教えないと決めている。

駐車場

「湘南の海岸なんて、明るいときに来ても渋滞しているだけだからね。心霊スポットに行くなら夜しかないですよ」

　ハンドルを握るトモヤは笑顔を見せた。

　彼は心霊スポットマニアで、近隣のスポットには月一ペースで回っている。湘南地区なら鎌倉は当然として、江の島や辻堂付近のマイナーなスポット、それに茅ケ崎の海岸沿いや平塚大磯の辺りまでを、ドライブがてらに一晩でぐるりと一周するらしい。

「ドライブした後で、色々な場所でちょっとずつ散歩する訳だから、いい気分転換なんですよ。深夜に観光地巡りをしているようなものです」

　観光地巡りとは言い得て妙だが、暗い空に黒い海、真夜中にうろつく不審者であることは間違いない。彼自身にもその自覚はある。

　ある夏のことだ。トモヤは自分の車に友人男女五人を乗せて、湘南の心霊スポットの案内をしていた。今回のゲストは、ケンジとカオリのカップル。タクロウとミユのカップル。

そしてフリーのクンペイの五人だ。

そのうちトモヤを含む男性四人は心霊マニアだったが、二人の女性は、彼氏の付き添いのような形で、特にお化けや幽霊が好きな訳でもなさそうだった。

その夜、辻堂海水浴場には溺死者の幽霊が出るという噂を聞きつけ、それを目当てに深夜の浜辺を歩くことになっていた。だが深夜でも車通りの激しい国道沿いに路駐する訳にはいかない。

辻堂海水浴場までは辻堂駅からサーファー通りをまっすぐに南下して、浜見山交番前の歩道橋を越えるのがいい。その一番海辺に近い辺りに、コンビニとスーパーマーケットがある。そこでトモヤは、二十四時間営業のスーパーマーケットの駐車場に車を駐めることにした。

「その当時も調子に乗ってたから、そこでお線香とか仏花も買ってってね。浜でお線香に火を点けてやれって」

だが一行のうち、先ほどの心霊マニアではない二人の女の子は、浜に行くのを嫌がった。

「あたし達車で留守番してるから、なるべく早く帰ってきてよ」

男性達は、行きたくないという者に無理強いすることもあるまいと結論づけた。

それなら留守をよろしくと、駐めた車に二人を残し、残りの四人で歩道橋を渡って深夜の浜辺に足を踏み入れた。夜の浜は、これ以上ないほどに真っ暗だった。

「何で二人とも泣いてるの」

海岸から戻ってきて彼女のカオリに声を掛けたのは、ケンジだった。

「え、どうしたの。何かあったの」

トモヤも運転席から声を掛ける。しゃくりあげている二人は首を振って大丈夫と繰り返した後で、「早く車出して」と絞り出すような声を上げた。

「今日はここまでにしようか。何なら藤沢でも湘南台でも送るよ」

そろそろ夜が明ける。友人達は藤沢の内陸部にある湘南台の駅で乗り換えるはずだ。どちらにしても、今なら始発か、その次の列車に間に合うだろう。

それにしても女性二人に何が起きたのかが気になった。

途中のコンビニで眠気覚ましのコーヒーを買って戻ると、車中でカオリが声を掛けてきた。あいにく、他の男性陣は煙草を吸いに行ったままだ。

「さっきはごめんなさい」

「いや、全然良いんだけど、何があったか教えてくれる?」

その言葉に、女性二人は、駐車場での体験を教えてくれた。

最初は何事もなかった。暇なので二人で浜に出かけた四人の話をしていたらしい。きっと戻ってくるのに三十分は掛からないだろうという見積もりだった。何度も心霊スポットには付き合っているけれど、何かあった試しがないのだ。今回も同じだろう。

車はエンジンをアイドリングしたままで、エアコンを点けっ放しにしている。

「ねぇ、外に誰かいる?」

最初に気づいたのはミユだった。誰かが車の周りをぐるぐる回る足音が聞こえると言い出した。耳を澄ますと、確かに靴底を引きずりながら歩く音が、車の周囲を巡っている。

深夜、駐車場とはいえ暗がりである。そこに女二人きり。それが不安だ。鍵は預かっているし、念のために鍵を掛けることも考えたが、そこで気が付いた。

巡回なら一台の周りをぐるぐる歩くこと自体がそもそも不自然だ。更に車の後部は金網ギリギリに駐めてある。人が通れるような隙間はないのだ。

「止まった」

足音が止まった。次の瞬間、車がゆさゆさと揺れ始めた。

誰かが車の側面を手で押しているのだ。だが車窓には誰の姿も映っていない。

「やめて……やめてよう」

ミユが涙声で訴える。悪戯にしても相手の姿が見えないのが不思議だった。

車の揺れが収まり、再び車の周りを足音が巡り始めた。

暫くすると、また車が揺すられる。

「やめて！」

「やめない」

間髪を入れずにカーステレオから男の声が響いた。

「やめない、やめない、やめない、やめない、やめない――」

何処かこちらを馬鹿にしたような声に、カオリは両手で耳を塞いだ。

男達が帰ってくるまで、カーステレオの声は収まらず、車も揺すられ続けた。


「――俺達が戻ってきたときには、誰もいなかったよなぁ」

途中で車に戻ってきた男三人は顔を見合わせた。

今でもトモヤは心霊スポット巡りを続けている。しかし、この事件があって以来、辻堂海岸に寄る際には、念のためにそのスーパーマーケットの駐車場を使わず、近隣のコインパーキングを使うようにしている。

石塔又は火の玉

昭和の最後の頃の話だという。

大橋さんが犬を連れて早朝の辻堂海岸を散歩していると、前方に背の高さほどに積まれた石積みの塔があった。

——ははぁ。これは近くの大学生の悪戯だな。

ここから浜を横切り、歩道橋を渡って十分弱も歩けば、湘南工科大学がある。そこに通う学生の仕業だと考えたのだ。

こんな石積みの塔が崩れたら、怪我をする人も出てくるだろう。全く考えなしのやることとは呆れるようなことばかりだ。どうせ近くに行けば、ビールの空き缶くらい転がっているはずだ。酔った勢いでやったのだろうと考えた大橋さんは、まっすぐ石積みの塔に近づいていった。石積みの上のほうだけでも崩しておかないといけない。

そのとき、連れている犬の足が止まった。リードを引っ張っても踏ん張ってしまい、その場を動こうとしない。

「何だ。どうかしたか」

声を掛けると、尾を丸めた犬は、情けない声を上げた。

大橋さんはリードを手放した。

「ちょっと待ってな」

石の大きさは、人の頭より大きいくらいか。

しかし、こんな石を何処から持ってきたのだろう。

よく見ると、薄紅色の石肌に、乾いたワインにも似た暗い赤色をした泥がこびり付いている。

早朝の日差しの中で、乾いた血の色にも見えた。

——嫌な色だな。

訝《いぶか》しみながら近づいていくと、それが身を縮めて丸くなった赤ん坊に見えてきた。そんなものはあり得ないだろう。

目の錯覚。そう思って近づこうにも、足が砂に取られてまっすぐ進めない。

こんなことは初めてだった。

背中から飼い犬の吠え声が聞こえる。それがやたらと遠くから響いているように思えた。

急に頭が激しく揺さぶられるような眩暈《めまい》も始まった。片膝を突いて目を強く閉じる。

——どうして大勢の赤ん坊の泣き声が聞こえるんだ。

再度正面の石塔に視線を送ると、塔を構成している赤ん坊の形をした石が、ふわりと宙に浮いた瞬間だった。

唖然としていると、それは火を噴いて周囲を飛び回り、最後は空中に消えていった。

その間中、飼い犬の狂ったような吠え声が周囲に響いていた。

この朝以来、大橋さんは目を閉じているにも拘わらず、車のヘッドライトを直視したときのような、眩しい光が見えるようになってしまったそうだ。

海から

藤沢市辻堂西海岸の辻堂団地付近での話。なお、この場所は既に再開発されている。

「ここら辺は団地ができる前は貝殻山って呼ばれてたって話は知ってるかよ」

すっかり頭髪が真っ白になった御老人は、人懐こそうな笑顔を見せた。

「この辺りは妙な話も多くてよ。工事の作業員が変なもの見るんだよ」

彼は、空中に液晶テレビらしき真っ青な画面が浮いていた話や、外廊下に光る人影が出ていたという話をしてくれた。

その話を頷きながら聞いていると、彼は、何だお兄ちゃん怖い話好きかと言って、うちはすげえぞと続けた。

うちはあの団地の四階なんだけどさ。もうこの歳だと四階に上がるのなんて大変だよ。

でも、あまり家にはいたくないんだよ。だからなるべく外に出てんだ。

何故って？　そうだよな。変な話だよな。

あのな、お兄ちゃん。今日みたいな日には海からやってくんだよ。

お化けだよお化け。そう。幽霊。幽霊じゃないのもいるけど。

沢山来るよ。サーファーもいるしな、ビキニのお姉ちゃんもくるよ。ビキニなんて昔はいなかったけどよ。

一番多いのは釣り人だな。

あいつらライフジャケットとか着てるけど、あれって意味あんのかね。

俺が寝ながらテレビ見てると、半透明な人が通っていくからよ、そんなの気分がいいもんじゃねぇだろ。

見たい？　やめとけやめとけ。そんな面白《おもしれ》ぇもんじゃねぇんだよ。

ちょっと臭いしな。

水死体ってのは臭うんだよ。

だから俺も、なるべく部屋には戻らないようにしてんだ。

ん？　夜に海？　それこそやめとけ。夜に海なんか入るもんじゃねぇよ。

そんなことするとな、引っ張られるぞ――。

早朝サーフィン

サーファーの朝は早い。なぜなら、早朝のほうが良質の波に遭遇する確率が高いからだ。陸から海に向かって吹くオフショアの微風。これが面ツルという、ガラスのように平らかな海面を作る。そこに時たま綺麗な波。サーフィンにとって絶好な状態だ。

他にも、周囲に人が少なく、早朝の海が気持ち良いという単純な理由もある。

だから、早朝目掛けて車で乗り付けるサーファーも多い。

早朝は路駐の取り締まりも緩いこともあって、短時間なら大丈夫だろうと車を路肩に置いてビーチに出ていく者もいる。


鳥居さんは、そんなサーファーの一人だった。

その日も朝五時前に家を出て、ラジオのFM放送を聴きながら片道四十五分掛けて辻堂海岸に到着した。出勤前に一時間だけ波を楽しむのだ。幸い通勤は車。七時前に上がれば、仕事場には余裕を持って乗り付けることができる。

同僚も上司も彼の趣味は知っているので、倉庫の端にウェットスーツを干していても気にされることはない。ありがたいことだ。

週に二度か三度はこうして湘南に足を運ぶだけでも、心身のコンディションが違う。

明るくなっていく空の下で、何度か波に乗っていると、あっという間に出勤時間だ。名残惜しいが、体力は有限。ボードを抱えて車に戻る。

スーツに着替える前に、ウェットスーツを脱いでバケツに突っ込み、全身をポリタンクの水で洗わねばならない。

真水で身体を洗っていると、何処か違和感がある。

何だろう、何がおかしいというのだ。

足に水を掛けたときに違和感の原因に気が付いた。

自分のすぐ背後にぴったりとくっつくようにして、びしょ濡れの細くて小さい足が立っている。

恐らくは小学生の足。見回しても誰もいない。だが濡れた足が確かにそこにある。

――これはまずい。

鳥居さんは、運転席にバスタオルを敷き、後片付けもそこそこに車を急発進させた。

第三章　茅ヶ崎海岸

けつ持ち

「チームには、けつ持ちっていうのがいるんすよ」

ハヤトは若い頃に湘南地方で暴走族に入っていた。今では旧車會《かい》のグループに顔を出している。

彼によれば、けつ持ちは、暴走行為中に警察に追跡を受けた際に、仲間を逃すための役回りだという。低速で走ったり、蛇行運転をすることでパトカーの走行を妨害し、かつ自分も捕まらないのが重要なのだそうだ。

妨害するために、木刀やヘルメット、缶などを投げつけることもあるらしい。

「俺らのチームに、カル坊って渾名の野郎がいて、ある時こいつが事故で死んじまったんで、一年後に追悼集会があったんです」

カル坊はけつ持ちだった。チームで最も運転技術が優れていて度胸もある。コールを切る技術にも卓越したものがあった。これはアクセルの開閉を操作することで、排気音の音程を変えて曲を奏でる技術のことだ。

彼は任されれば特攻隊長も引き受けた。ここでの特攻隊とは、本隊よりも先に交差点に突っ込み、コールを切ることで交通を遮断する役目で、何よりも度胸が必要とされる。

本来、けつ持ちは新入りが行うことが多いというが、カル坊は自分の運転技術に自信があったのか、進んでその役回りを引き受けた。

彼の愛車はグリーンのストライプを入れたレーサーレプリカで、チームの中でもよく目立った。特徴的なコールを切りながらの蛇行運転は、チームの外にまで知られていた。

ただ、彼はある夜、暴走行為中にスリップして路肩に放り出され、打ちどころが悪かったのか、そのまま息を引き取った。


その一年後、追悼集会が行われた。夜中に海沿いを走る国道１３４号線沿いに集合し、夜明けの空が紫に染まるまで走り続ける。

チームの誰からも慕われていたこともあり、カル坊追悼集会に参加したメンバーも多かったが、その夜の開催は、警察にも読まれていた。

走り始めて暫くすると、パトカーが迫ってきた。このままでは一網打尽にされてしまう。

「けつ持ち行け！」

新人が列の後ろに下がり、蛇行運転を開始する。先輩の命令には逆らえない。

幹部達には新人では警察を抑えられないだろうという読みもある。兎に角時間を稼いでもらえればいい。技術が伴わないけつ持ちは使い捨てだ。

「カル坊のいた頃には、あいつに全て任せておけば良かったんですけどね。あんな奴、他にいないですから」

ハヤトは天井を仰いで、懐かしむような口調で言うと、「あいつが現れたところは、俺達も伝聞でしか聞いてないんですけど」と続けた。

一般車が交差点に入れないように脇を止めていたバイクが最後尾に出て、ゆっくりとパトカーの前を走り始めた。そんな話は事前に聞かされていない。

割り込んだのはグリーンのストライプが入ったレーサーレプリカだった。

車線を蛇行運転し、特徴的なコールを切りながらパトカーを妨害する。

新人は直接見たことがなかったが、当然話には聞いている。

——カル坊だ。

しかし、彼はもう亡くなっていて、今日の追悼集会に参加しているはずがないのだ。本人の追悼集会に本人がけつ持ちで参加するなんてことがあるのだろうか。

「俺が聞いた話だと、暫くして列が先に行った頃に、バイクしか通れない細い路地にひょいと入ったから、その後は見ていないみたいですけどね。ほら、先頭近くでも音は聞こえてくるじゃないですか。だから、あれはカル坊だって話になっちゃって――」

ハヤトは新しい煙草に火を点けた。

追悼集会で追悼される本人にけつ持ちしてもらったなんて話が広がっちゃうのも、俺はどうかと思いますけどね。

でもまぁ、しょうがないっすよ。

俺もあいつが手を振ったの見ちゃいましたから。

あれは――間違いないっすね。仲間の顔を忘れるはずないじゃないっすか。

カル坊でしたよ。

キスしてあげよっか

知り合いのサーファーに中本さんという人がいる。彼は一年を通じて海に出ており、五十代の半ばにも拘わらず精悍《せいかん》な印象を与えてくれる。気さくで気遣いもできるナイスガイだ。

「もう大分昔になりますけど、海での変な経験なら一つありますよ」

彼がまだ三十代で、独身だった頃の話だ。

場所は茅ケ崎の菱沼海岸。現在の茅ケ崎パーク付近である。

自転車にサーフボードを乗せて、防砂林を越えると馴染みのポイントだ。右手には富士山、左手には江の島。真正面には茅ケ崎海岸のシンボルともいえる烏帽子岩こと姥島が見える。この浜に立つと、自分が湘南に住んでいると実感する。

季節は秋で、海水浴には適さない時期だが、ウェットスーツを着込んだサーファーには関係ない。オフショアの良いコンディションの波があれば、真冬でも海に赴く。

その日も暫く波を楽しんだ後、海面でボードにぶら下がってひと息入れた。

そのとき、耳元で声が聞こえた。

「キスしてあげよっか」

女性――恐らくは若い女性の声だ。

誰の声かと周囲を見回しても誰もいない。そもそも早朝で、自分以外には海に入っていない。

シチュエーションが違っていれば喜ばしい気持ちにもなったのかもしれないが、現状ではただ気持ちが悪いだけだ。

すぐに海から上がった。普段ならただの気のせいとでも考えて、もう暫く波と戯れたい時間だったが、何故かそれができなかった。

自転車のサーフボードキャリアにボードを載せ、国道１３４号線を渡っている途中で酷い寒気に襲われた。

――熱でも上がってきたか？

元々、身体が冷え切るほどの時間は海に入っていない。厚めのウェットスーツを着ているため、スーツと素肌の間には体温で温まった海水が溜まり、早朝の冷たい海水温もあまり苦にはならない。

つらい。まっすぐに歩くことができない。

歩行者信号が青に変わったことを確認すると、視線を足元に向けて、とぼとぼと横断歩道を渡っていく。

「キスしてあげよっか」

波間で聞いたあの声だ。

はっと視線を上げると、黒いビキニ姿の女が横に立っていた。

その女のほうに顔を向けた瞬間、意識が途切れた。

「早朝でしょ。だから車の通りがなくてラッキーだったんですよ。でなければ最悪轢《ひ》かれてましたから」

意識を失っていた時間は五分未満だったが、その間は自転車ごと国道に倒れていたという。

通りがかった海釣り帰りの老人が、駆け寄って助けてくれた。

ただ、その老人の言葉によると、自転車ごと倒れている中本さんのすぐ傍に、黒いビキニにパレオ姿の女が立っていたらしい。

何故男が倒れているのに、何もしないで横で立っているのだろう。

そう思っているうちに、女は跡形もなく消えてしまった。

「信号待ちの最中だけど、放っておくと轢かれてしまう。これはいけないと、慌てて助けてくれたらしいんです」


もう十月近い早朝に、水着の女なんているはずがない。

正体は不明だ。

結局、顔を確認する前に意識が途切れたので、どんな顔かも分からない。

ただ、声を聞いたのも女を見たのも、不思議な体験をしたのはその一度きりだという。

二ケツ

「お化けを見たことはないけど、そのおかげで命拾いをした経験ならあります」

あさぎさんは、若い頃に恋人をバイク事故で亡くしている。彼が路上で命を散らしたのは、国道134号線を走っていたときに、乗用車から追突されたことが原因だった。

そのこともあって、暫くの間、事故現場を通るのは避けていた。しかし仲間と車やバイクで移動するのに海沿いの国道を通らない訳にもいかない。その度に事故現場では心の中で手を合わせていた。


事故から三年経った八月末のある日の夕方。海風の止まる凪の時間帯になり、じっとりとした空気が立ち込めていた。

陽は落ちても昼間の暑さが残っており、蒸し暑さに息が詰まる。

夜から出かけるか、このまま家に引きこもっていようかと悩んでいると、携帯電話のメッセンジャーにメッセージが届いた。

辻堂に住む友人の家で、これからバーベキューをするから来ないかという誘いだった。

そこまで近い訳でもないが、せっかくだし自転車でちんたら向かおうかと思っていると、友人のヒロキがバイクで迎えに行こうかと誘ってくれた。

肌に纏わりつくような湿度も、バイクの上ではマシに思えた。

「一旦海岸に出るよ」

茅ヶ崎駅を南下する雄三通りと、茅ヶ崎を東西に走る鉄砲通りの交わる交差点で信号待ちをしていると、シートの前に跨《また》がっているヒロキが声を掛けてきた。どうやら迎えに来てくれるときに、鉄砲通りが工事で渋滞していたらしい。

運転してるのはヒロキなんだから好きにしていいよと伝えると、彼は雄三通りを南に向かった。

国道134号線に出たところで左折。一中通りを過ぎ、ラチエン通りを過ぎ、菱沼海岸のゴルフ場脇を走っているときのことだった。

あさぎさんは突然後ろから引っ張られて宙を舞った。

何が起きたか分からなかった。一瞬の間にバイクから体を引き剥がすような強い力が掛かったことは覚えている。

ふわっと宙を浮く感覚が続いた。

視界がスローモーションになっている間、やけに頭が冷静だった。

——あ、これ死ぬやつだ。

受け身を取ることもできないまま、アスファルトに叩きつけられるというイメージが脳の中を満たしていく。

だが、それは彼女の身には起きなかった。

ガードレールを飛び越えて、背中から歩道に着地したが、全身を叩きつける衝撃は伝ってこなかった。視界にはバイクが路上を滑っていく場面が映った。

自分のことよりも心配なのは、ヒロキのことだ。

自分が落ちたことで事故を起こしたのではないか。スピードも出ていたから、最悪の事態だってあり得る。

三年前のことがフラッシュバックした。

周囲を見回すと、彼も無事だった。

状況を確認すると、交差点を右折しようとした乗用車が、曲がり切れずに突っ込んできたらしい。

立ち上がったヒロキがひらひらと手を振っている。

ほっと胸を撫で下ろす。駆け寄ると、彼はヘルメットを被ったあさぎさんの頭をぽんぽんと叩いた。

「俺のほうは大丈夫だよ。バイクはお釈迦《しゃか》かもしれないけど。それにしても、あさぎが飛んでくれたからギリギリ当たらずに済んだよ。お前、すげぇ判断力だな」

どうやら自分が飛び降りたことで、バランスを崩して転倒したのが功を奏したらしい。

それが結果的にヒロキの命を救った。

「でも悪いね。バーベキュー無理だわ。あさぎから謝っといて。これ、ちょっと警察呼ばないと」

ヒロキは歩道に突っ込んだ乗用車に向かって歩いていく。

――あ。ここ。

事故が起きたのは、三年前に彼氏が事故で亡くなった、正にその場所だった。

あさぎさんは、彼が二人を救ってくれたと信じている。

夜釣りと足音

ざく、ざく、ざく。

波の音に紛れるようにして砂を踏む音が近寄ってくる。随分と速い足取りだ。

時刻は午前三時。散歩するにしたってまだ早すぎる。

中村さんは、夜釣りが趣味だ。自転車なら自宅から菱沼海岸まで十分ほどである。海が近く、毎日通っても誰からも文句を言われる筋合いもない。そんな環境は、釣り人には恵まれているといえよう。

その夜も、中村さんは家から竿とバケツを自転車に括り付け、いつものようにヘッドランド、通称Tバーからほど近い堤防に折りたたみ椅子を広げて、夜釣りを楽しんでいた。

釣果はまだなかった。別にそれは特に気にしない。いいときもあれば悪いときもある。

ざく、ざく、ざく。

近づいてきた足音は、今度はすぐ側の砂浜をぐるぐる回り始めた。

変な奴もいるもんだ。

中村さんは心の中で舌打ちしたが、別段こちらの邪魔をする訳でもないし、それ以上は気にせずに放っておいた。だが途中でその足音が方向を変え、堤防に向かってきた。

じゃっ、じゃっ、じゃっ。

堤防のコンクリートと靴底で擦られた砂で足音が響いた。

そして足音は中村さんの背後で止まった。

——何だよ、邪魔すんじゃねえぞ。

足音の主は、背後から一歩も動かない。気になるので、脇の下から覗き込むようにして窺うと、白いスニーカーの爪先が見えた。足首から上は闇に紛れてよく分からないが、薄い色のスラックスを穿いているようだ。若い男だな、と直感した。

おっ。

そのとき、竿がくいくいと動いた。当たりが来たのだ。

水中の魚の動きに合わせながらリールを巻いていく。不意に、闇の中から、じゃっ、じゃっ、じゃっという音が聞こえてきた。次の足音が近寄ってきたのだ。

「どうよ、今晩は。どうやら当たってるみてえだなぁ」

馴染みの夜釣り仲間の声だ。

「おう——」

答えながら変なことに気づいた。先刻の男の気配がない。すぐ背後に立っていたはずなのに、今はすっかり気配が消えてしまっている。

「あれ。そこにいた若い男はどうした？」

「中村さん。何だい。男なんていなかったぜ」

その言葉を聞いた直後に、巻き上げているリールが軽くなった。

――何だよ。バレちまったかよ。

中村さんは舌打ちした。

バレるとは、針から魚が逃げることをいう。

結局その夜の釣果はゼロだった。

それ以降何度となく、深夜に若い男の足音を聞いている。

足音を聞いた夜には、一匹も釣れない。

河岸を変えても足音は付いてくる。だから、今は足音が聞こえたら帰るようにしている。

鉄砲通り

最初に体験したのは小学生の頃だった。

当時、丈朗さんは藤沢市の西の端にある辻堂団地の近くから、茅ヶ崎駅のほうまで自転車で塾通いをしていた。

自転車を飛ばして片道二十五分ほどの道のりだ。

帰りは夜の八時を過ぎるので、経路はなるべく明るく、また広い大通りがいいということで、いつも鉄砲通りを利用していた。鉄砲通りとは、茅ヶ崎市の南側を東西に貫くまっすぐな道だ。海沿いの国道から一本内陸に入った位置にある古くからの通りだ。江戸から明治に掛けて、海岸沿いにあった相州炮術《ほうじゅつ》調練場という訓練場へ至るまでの道だった。正式名は鉄砲道だが、地元では「鉄砲通り」と呼ぶ人が多い。

現在の鉄砲通りには、個性的でお洒落な店も軒を連ねている。もっとも、当時はそんなに垢抜けた感じもなかったし、小学生だった彼には、特に興味を惹かれる店もなかった。

ただ、通り沿いにあった書店にはよく寄り道をして、漫画雑誌の立ち読みをした。その頃は、まだコンビニの数も少なかった覚えがある。

塾からの帰りだから、夜八時半頃の話になる。

ラチエン通りを過ぎた辺りで信号待ちをしていると、周囲が次第に暗くなった。元々夜なので暗いのだが、それとは違う。

緞帳《どんちょう》でも下りたかのように、街灯や信号、周囲の店の明かりまでもが見えなくなった。

果たしてどうすれば良いのか。

戸惑っていると、ペダルから外して地面に着けた足の下の感触が先ほどと違っているのに気が付いた。

砂だ。

爪先で砂を持ち上げた。先ほどまでのアスファルトとは違う感触に、どうしていいのか分からなかった。

そのまま震えながら自転車のハンドルを握っていると、ゆっくり光が戻ってきた。

信号はとうに青に変わっていた。

慌てて自転車を走らせる。そのとき気づいたが、砂もアスファルトに戻っていた。

彼が次に体験したのは高校時代だ。やはり自転車で鉄砲通りを走っていたときのこと。

夕方、買い物帰りに茅ヶ崎駅にほど近い交差点で信号待ちをしていると、防災無線から〈赤とんぼ〉のメロディの定時チャイムが鳴った。

そのチャイムが合図になったかのように、周囲がゆっくりと暗くなっていく。

――これは以前体験したことがある。

小学生のときの記憶が蘇った。だが、当時とは場所も違うし時間帯も違う。以前は夜だったが、今は夕方だ。

とはいえ、何かができる訳ではない。

気が付くと、交差点に立っていたはずの買い物客達は姿を消していた。

電気が来ていないのか、信号も暗い。

先ほどまで慌ただしく通り過ぎていた車も走っていない。

キョロキョロと辺りを見回していると、前方遠くに巨大な人が立っているのが見えた。

背が六階か七階建てのビルほどもある。

全身がオレンジ色だった。

それは何かしている訳でもないようだ。ただ、じっと西を向いている。

丈朗さんが西のほうを振り返ると、暗がりの中で真っ赤な夕日が富士山に沈んでいくのが見えた。

どうやら巨人はそれを見ているらしい。
再度前方に目を向けると、もう帷《とばり》を下ろしたような暗さは消えていた。
巨人の姿もない。
夕刻の鉄砲通りに戻ってきていた。慌ただしく車が行き来する。
丈朗さんはほっとして、深くため息を吐いた。
振り返ると、先ほどよりも眩しい夕日の中で、富士山がオレンジ色に輝いていた。

漂着物

恵奈さんが同僚の田中さんから声を掛けられたのは、強めの台風があった翌日のことだった。

「あなた、前から怖い話好きって言ってたよね」

そう前置きをした彼女は、スマートフォンの写真アプリから一枚の写真を見せてくれた。

「これ、どう思う」

最初の一枚は、湿った砂浜に転がる茶色の瓶だった。周囲には波に打ち上げられた木片や海藻などが写っている。

栄養ドリンクが入っていたかのような小さな遮光瓶だ。ラベルは貼られていない。剥《む》かれたのか、それとも最初からないのだろう。

次の画面に切り替えると、茶色い瓶の中身が透けていた。

何見てるのと、隣の席の山田さんも画面を覗き込んで息を呑んだ。

「うわ。気持ち悪っ」

写っているのは、円筒型に丸められた状態で瓶に収められた紙の一部だった。紙には

「鬼」の文字が隙間なくびっしりと書かれているのが透けて見えた。他にも幾何学模様や「蟲」の字も見える。

「台風の後だったからさ、今朝方、何か面白いものが落ちていないかって、浜辺に行ったのよ」

田中さんの趣味は流木カービングである。浜に流れ着いた木を削り、動物や魚、鳥などの形を彫り出して、作品に仕上げるのだ。

浜にはその素材を拾いに、毎日のように足を運んでいるという。特に台風の後は、普段見かけない漂着物が多く、いつも楽しみにしているらしい。

「最初は普通にジュースの空き瓶かと思ってたんだけどね。でもラベルもないし、よく見たらこんなのが入ってたから」

怖いもの好きの同僚に見せてあげようと、わざわざ写真に撮ったのだと田中さんは説明した。

「これ、瓶に触りましたか」

「中身を写すときに、靴で転がしたけど、素手では触ってない」

「キャップ開けてませんよね」

「気持ち悪いから。転がしたまま放っておいたよ」

田中さんは以前、同じように浜を散策しているときに、「手」を拾いそうになった話を教えてくれたことがある。

砂から軍手を嵌めた手が生えていた。よく見ると砂にまみれた棒切れのような肘から先もある。彼女は拾って帰ろうと手を伸ばしたが、砂の中に腕ごと勢いよく潜って消えてしまった、というのだ。

その話を聞いたときに、恵奈さんは田中さんに、何で写真を撮っておいてくれなかったのかと詰め寄った。

恵奈さんの強い口調に、明らかに彼女は引いていたが、今回は写真を撮ってきてくれたという訳だ。

持つべきものは友人である。

スマートフォンの小さな画面で画像を一見した限り、これは誰かを呪うための道具、又は技法――なのだろう。紙には個人の名前も書かれていた。

丸められた紙の上端からは、黒くて細いものが何本も束になって飛び出ている。

多分丸められた紙の中心にあるのは髪の毛だろう。

「恵奈さん、やっぱりこの写真必要？　あたしとしては、気持ち悪いし、もう消しちゃいたいからさ。もし必要なら送るけど」

戸惑いを孕んだ田中さんの言葉に、恵奈さんは頷いた。

「お手数ですけど、この写真、私宛にメールしてくれますか？」

「恵奈さん、こんな写真集めてるの？　大丈夫なの？」

二人のやりとりを聞いた山田さんが、呆れたような声を上げた。

山田さんの手前、できれば実物を手にしたいとは、その場では言えなかった。

帰宅してから田中さんから送られた画像を拡大してよく確認すると、紙自体は印刷物に見える。つまり、これは同じものを幾つも海に流しているのだろう。

紙に書かれた名前も検索した。すると、ある芸能プロダクションに所属する女性タレントの名前が候補に挙がった。ただ、その女性は、現在活動を休止しているらしい。

休止の理由は不明だ。

瓶が関係している——そう安易に考えたくない。

翌早朝に、恵奈さんは田中さんがその瓶を見つけた浜まで自転車で訪れた。

だが、実物は波に攫《さら》われたのか、砂に埋もれたのか、誰かに拾われたのか、もうそこにはなかった。

恵奈さんは田中さんに対して、次に同じものを見つけたら拾っておいて下さい、とメールで伝えた。

それから恵奈さんに接する田中さんの態度が、少し余所余所《よそよそ》しいものになったような気もするが、それは恐らく気のせいだろう。

潮の井戸

松村くんは湘南出身の学生で、今は埼玉県にアパートを借りて住んでいる。実家は茅ヶ崎の海沿いにあり、同じ関東ということで半年に一度くらいは両親に顔を見せに帰る。

そんな彼がまだ子供の頃、近所に松林に囲われた屋敷があった。

その屋敷は、かつては都内に住む有力者の別荘だったらしい。だが松村くんの記憶にある限り、訪れる人を一度も見かけたことがなかった。

周囲も廃屋という扱いをしていた。松林の奥に佇むそれは、陰鬱な印象で、近所の小学生からはお化け屋敷と呼ばれていた。

それから二十年近く経ち、今ではその土地は更地になって、周囲の松林も切り拓かれ、新たに家々が並んでいる。以前感じたような重苦しい雰囲気は全くない。

「そのお化け屋敷を解体する工事で、不思議なことがあったって話なんですよ」

松村くんはそう前置きをすると、先だって彼が聞いた話を教えてくれた。

お化け屋敷の建つ土地の一角には、古い井戸があった。屋敷の解体に当たって、この井戸も埋めることになっていた。工事業者には、事前に処置をしてから埋めるようにと伝えられていた。井戸を埋める際には、正しい手続きを経てからでないと、祟ると言われているからだ。

それにも拘わらず、作業員達は土地全体に運び込んだ土を盛ってしまい、井戸が行方不明になってしまった。

もちろん何か悪意があった訳ではない。松林の伐採や土盛りなどの一連の作業の間に、うっかり見失ってしまったというのが正しい。

そして、今回の事故のようなことはよく起きるのだ。

井戸を埋めてしまったことに気づいた現場監督は、翌朝、再度井戸の位置を確認するために作業員とともに現場に赴いた。

すると、近所の人たちが現場に集まって何やら話をしている。

「こちらに何かありましたか」

現場監督が訊ねると、人々は、顔を見合わせて地面を指差した。昨日盛った土の上に、白く円が描かれている。これは何だろうと指先で触れてみると、ざりざりとした感触だった。どうも浮き出た塩が固まっているようだ。

「昨日の夜、何か白い服着た――違うな。白い姿の人が、ここら辺で何人もうろうろしていたから、泥棒か何かなのかと心配して来てみたんだよ」

町内会長と名乗った老人は、そう説明した。

当然のことながら、まっさらになった敷地に入っても盗るようなものはない。

白い円を崩し、盛った土を掘っていくと、下には井戸を保護するための鉄板が敷かれていた。

ではこの塩は、一体何処からやってきたのか。

監督を始め、その場にいた全員が首を傾げた。

その後、すぐに神主が呼ばれ、井戸はきちんとした手続きの末に埋められた――。

この話を終えると、松村くんは少し思案するような表情を見せた。

「――ここらへんでは、塩水の出る井戸っていうのは一般的なんでしょうか」

確かに海からも近いので、地下水に海水が混じっていることは考えられる。

そう答えると、彼は続いて、実家の裏庭の井戸の話を教えてくれた。

正確には元井戸とでも言えばいいのだろうか。既に井戸自体は埋められているのだが、そこで発生している怪異のようなものは続いているとのことだった。

彼の家の裏庭にあった井戸は、とても古くからのものだった。戦後すぐに彼の祖父が地主から土地を購入した際にも、その井戸を護っていくことが条件として挙げられていたと聞いている。

件の井戸には、年に数度、水掻きのある足跡が白く残されていることがあった。足跡は乾いて固まった塩だ。足跡は人間の赤ん坊のそれよりも小さい。松村くんも子供の頃に小田原蒲鉾《かまぼこ》の板を横に置いてみたことがあるが、それより二回りほど小さかったことを記憶している。

足跡が出たときには、井戸の周囲に供物を置いて、儀式めいたことを行っていた。

だが、何十年か前に、祖父が神社に相談して井戸を埋めた。

両親もその儀式については祖父から詳しい話を聞いていないので、やり方も途切れてしまっている。

元々の土地の所有者だった地主の一族も、今は誰もいない。それが井戸と関係しているのかは、よく分からない。

ただ、父親の説明によると、井戸を埋めようとしたときに、祖父は井戸から何かが出てくる夢を何度も見たらしい。それだけではなく、玄関から廊下に掛けて、うっすらとした塩の足跡が残っていたともいう。

そんな得体の知れないものが巣食っている井戸なのだから、父母は埋めてほっとしたらしい。

だが、井戸がなくなっても、裏庭に足跡が残るのは止まなかった。

足跡が出る頻度は下がり、一年に数度が数年に一度になってはいる。しかし、足跡が出ると、今でも周囲の土が塩で真っ白になる。

除草剤として塩を撒いているようなものなので、裏庭にはほとんど草は生えていない。不毛の土地だ。家庭菜園もできないし、花も植えられない。

埋められたはずの井戸が何処にあったかは、裏庭の隅に白く輝く塩の塊で円が描かれているので、今でもすぐに分かるという。

歩道橋

最初に見たのは、まだ高校生の頃だった。

初めてできた彼女と手を握りあって、国道１３４号線を跨ぐ歩道橋から江の島の花火大会を眺めていると、暗い歩道橋の人混みの中にふらふらと動く奇妙な人影がいた。

背が低い。何かぶつぶつ呟いている。どうやらその声色などから判断するに、年配の女性らしい。

変な人に大事な彼女が絡まれないようにしなくてはと気を回し、歩道橋の欄干側に彼女を立たせて、背後から抱きしめるようにして花火を見ていた。

しかし、その視界の端に、何故かその老婆がちらちらと入ってくる。

人出も多い中でふらりふらりと落ち着きなく歩き回っているのが、気になって仕方がない。

彼女との大事なデートなのに、老婆のことばかりが気になってしまう。

花火の最中のいいところに限って邪魔されているように感じて、次第に落ち着かなくなってきた。

気にしていると、それがこの世のものではないことに気が付いた。

花火が夜空に広がった瞬間、その老婆の向こう側が透けて見えたからだ。

その瞬間、老婆はこちらを見て笑っていた。そんな表情など見えるはずもないのに、はっきりと分かった。

——これは見ていたらいけない奴だ。

そう考えて、これ以上気にしないように、腕の中の彼女に集中することにした。


暫くして最後の花火が上がった。

煙が流れていく中で、江の島の灯台の光が二周した。

歩道橋に集まった人々が、家々に帰っていく。

「俺達も帰ろうか」

彼女に声を掛けると、振り返った彼女が不安そうな顔を見せた。

「どうしたの」

訊ねると、彼女は周囲を見回して、「やっぱり、いた」と呟いた。

何がいたのかは教えてもらえなかった。ただ、彼女の視線の先には、人の流れに逆らうようにして海へと向かう、半透明の老婆の姿があった。

それから毎年、夏に江の島の花火大会を見に歩道橋にいく度に老婆を見かける。

彼女も変わり、結婚して子供もいる今でも、まだ見かける。

足掛け二十年になる。

ただ、いつもいるのかまでは知らない。そんな時間にその歩道橋を訪れるのは、幾ら地元民といっても年に一度の花火の夜だけだからだ。

正月の箱根駅伝の応援に出かけたときには見た覚えがない。

だから夜にしか現れないのだろう。だが、それをわざわざ確かめるつもりはない。

浜降祭

茅ヶ崎には、所謂奇祭といわれるような祭りがある。毎年七月の海の日に行われる〈浜降祭〉という名の祭りだ。この祭りは関東三大奇祭に選ばれることもある。

夜明け前に茅ヶ崎、寒川の神社から出発した神輿が、サザンビーチちがさきの西側の浜となる西浜海岸こと、南湖の浜に集合する。

一番神輿は午前四時頃には浜に到着し、順次集まる御神輿の数は四十基近くにも上る。浜辺に集合した御神輿は、相州神輿に特有の「どっこいどっこい」の掛け声とともに砂浜を練り歩く。

祭りのクライマックスは、御神輿を担ぎながら浜から海に入っていく〈禊《みそ》ぎ〉という儀式だ。水しぶきを浴びながら担ぎ棒の高さまで海に入るのだ。

夜明けの海に入るため、〈暁の祭典〉とも呼ばれる。

その後、神輿はそれぞれの地元に戻り、家内安全や無病息災を祈願しながら町内を練り歩く。

だが、令和二年、そして三年の浜降祭は、新型コロナウイルス感染症拡大に伴う緊急事態宣言発令を受けて中止となった。

※　※　※

熊野さんは、夜勤帰りに始発で駅に到着した。

もう周囲は明るくなっている。

例年通りなら、夜勤など入れずに深夜から神輿を担いでいた。日付が変わる頃に神社に集まり、御魂移しの儀式が行われる。二時半には宮立ちだ。

暗い境内に、囃子の太鼓や神輿を担ぐ男達の掛け声、神輿の鳴り物が響く——。

悔しい。

何もかも疫病のせいだ。

拳を握りしめたそのとき、御神輿の喧騒が通り過ぎていくのが聞こえた。

——待ってくれ。何だこれは。

何か変更があったという話は聞いていない。今年は中止のはずだ。

御神輿が通るのなら、海へと向かう〈浜道〉だ。熊野さんの立っている場所からそう遠くない。

彼は思わず駆け出していた。

御神輿に会いたい。

音を追いかけていく。だが、海に近づいていっても御神輿の姿はなかった。

※　※　※

同日午前一時。

木島さんは、浜降祭が中止になったことで、もやもやしたものを抱えながら酒を飲んでいた。

彼は子供の頃から浜降祭に参加している。

仕方がないとは頭では分かっている。

人が集まれば、流行り病に感染するリスクがある。

だが、何とかならなかったのか――。

もう酒も切れた。寝ちまうか。不貞腐《ふてくさ》れた顔で布団に横になる。

――何だ？　何の音だ？

ジャッカ、ジャッカという音が響いている。時計を見ると、まだ三時半だ。

いや、三時半といえば、宮立ちの時刻ではないか。

この音は鈴の音と、箪笥と呼ばれる鉄製の把手《とって》で、御神輿本体の台輪をリズミカルに叩く音だ。

誰かが御神輿を担いでいるのだ。

――俺も連れてってくれ。浜まで連れてってくれよ。

木島さんは玄関を飛び出した。

そのときには、もうその音は通り過ぎて、何処からも聞こえなくなっていた。

※　※　※

「私が聞いたのは夜中です。起きてたら、遠くから神輿の担ぐ音が聞こえてきました。御神輿を箪笥で叩く、ガシャンガシャンという音だけで、人の声はしませんでした――」

茅ケ崎の西端近くに住むかおるさんはそう証言した。

普段、御神輿を担ぐときには、「どっこいどっこい」の掛け声や、甚句《じんく》を謳《うた》う声が響く。

だが、それは聞こえなかった。

「それで、不思議に思ったから、翌日友人にこの話をしたんですよ」

友人は、正に浜降祭が目と鼻の先で行われる南湖に住んでいるという。
「彼もお祭りが中止になって、やさぐれて明け方まで飲んでたみたいなんですけど、彼は担ぐ声も聞こえてたそうです」

どっこい　どっこい　どっこいそーりゃ
せえー　相州茅ヶ崎
茅ヶ崎名物　左富士
上り下りの東海道
松の緑にそろりそよそよ吹く風は
昔も今も変わらねど
富士の高嶺と男伊達
相模おのこの晴れ姿　よいよい
どっこい　どっこい　どっこい　どっこい
どっこい　どっこい　どっこい　そーりゃ

夜中に泳ぐ

香代子さんが中学生の頃の話だという。

夏休みの間、海にはよく遊びに行った。最初はサザンビーチで泳いでいた。

ただ水着ではない。Tシャツにハーフパンツ姿だ。皆、家から近いので、自転車で少し走れば着替えられる。

だから服のまま泳ぐことには、あまり抵抗がなかった。

「皆、思春期だったしねぇ。水着に着替えるのに抵抗あったのよ。ただ、服を着て泳ぐと自殺者に間違えられることもあるからね。もし海で自殺するなら、注意を引かないように、水着姿のほうがいいと思うな」

強烈な冗談を織り込みながら、彼女の話は続いた。

その後、不意に真顔になった彼女は「思い出さなければ良かった」と呟いた。

何を思い出したのかを聞き出すと、彼女は視線を左右に泳がせた後に、暫く眉間に皺《しわ》を寄せて考えると、噛んで含めるようにして言った。

「夜には海に入らないほうがいいよ」

その日は、友達がサザンビーチで着衣で泳いで叱られたというので、場所を移動して相模川の河口近くで泳ぐことにした。

遊泳区域のギリギリを攻めるような行為で、当然監視員の目に留まれば注意される。しかし、もう夕方にしても遅い時間で海も暗い。監視員などとっくに帰っている。

「疲れちゃったから、あたしら浜で待ってるよ」

「あたしもあと少し泳いだら戻るから」

泳ぎは得意だ。だから少し沖まで出た。

浜辺の声も届かない距離。

暗い中でも、浜がどちらかは分かる。江の島の灯台の光も、くるりくるりと回っている。

潮に流されているかもしれないが、ちょっと泳げば足も着く。

上下する波に身を預けて、夜の海を堪能する。

周囲には、やけに沢山魚がいた。

足や腕に魚が当たって、すり抜けていく感触が続く。同時に何とも言えない鼻を刺すような臭いが周囲に漂い始めた。

何かおかしな漂流物だろうか。イルカの死体が流れ着いたという、以前読んだ地域新聞の記事を思い出した。

臭いから離れよう。できれば浜に戻ろう。

そう考えて手足を動かすが、臭いは強くなるばかりだ。

急に足が重くなった。

——まさか、こんなときに攣《つ》ったのだろうか。

痛みはない。痛みはないが思うように動かせない。息を吸って、海面に頭を出しておかなくては。

海面をたゆたううちに、今度は吐き気のする臭いに纏わりつかれた。肺に思う存分空気を送り込むことができない。

そのとき、耳元で声がした。

「助けて。沈んじゃう」

女性の声だ。

波音にかき消されて、聞き取れるか聞き取れないかという、か細い声。

だが、周囲を見回しても誰もいない。ただ暗い海が広がっているだけだ。

波も別段高くなってきてはいない。しかし、身体が冷え切っているような気がした。

そのとき、腕にぬるりとしたものが触れた。香代子さんはそれを掌で払おうとした。

ぶよぶよとした白いものは、指に絡まって千切れた。古いビニールを水の中で引きちぎったような感触。

悪臭が一気に強まった。

香代子さんは自分の指が引きちぎったものの正体に気づき、全力で浜に向かって泳いだ。

だが、幾ら離れようとしても、臭いは薄まらない。

「助けて」

「ねぇ、助けて」

「お願い。また沈んじゃう――」

波を掻き分けるごとに耳元で女が訴える。だが、それに答える余裕はない。

「水死体！　警察呼んで！」

息も絶え絶えに浜へと戻ると、香代子さんは叫んだ。振り返ると、波打ち際から二十メートルと離れていない波間に、白いものが浮いている。

――あんなに近かったっけ。

そういえば、浜に上がった直後から、あれだけ酷かった臭いがしていない。

「死んでるのに助けてって言われた。沈んじゃうって」

香代子さんは友人にそう呟いた。

「水死体は、一度浮くんだ。それが過ぎたらまた沈むんだよ――」

二度沈んだ遺体は、もう見つからない。

「相模川の河口で亡くなると、遺体が上がらないことも多いんだって。警察の人が言ってた。見つかったのは幸いだって、感謝されたけどね」

それから、海では泳いでないんだよね。

またあの臭いに絡まれるのはごめんだもの。

だから、あなたも夜には海に入らないほうがいいよ――。

意気投合

「あたしに隠しごとしてない？」

史子さんは、ここ最近、彼氏の浮気を疑っていた。

自分を目の前にして、つまらなそうにスマートフォンの画面をいじっている彼氏に我慢ができず、思わずその疑いを口にしてしまった。

結果は酷い口論。腹を立てた彼氏は史子さんを置いて店を出ていってしまった。

――どうしよう。

もう関係は最悪だ。これを修復したとしても、何処かに蟠《わだかま》りを抱えて一緒に過ごせていけるものだろうか。

多分無理だろう。人間関係が一つ終わってしまったのだ。


憂さ晴らしに夜の海でも眺めようかと、柳島海岸までやってきたものの、サイクリングロード沿いには仲睦《むつ》まじい恋人達の姿があった。それを視界に入れるだけでも苛立たしい。

仲睦まじい姿をなるべく見ないようにと、石組みの海岸を波打ち際まで行けば、今度は酒の入った釣り人のおっちゃん達に声を掛けられる。

関わり合いになりたくない。

耳に差し込んだイヤホンからは、サザンのバラードがリピートで流れている。

あちらにふらり、こちらにふらり。

いつしか防砂林の散歩道へと入り込んでいた。真夜中だ。人気もない。

暗闇の中を歩いていくと、奥にベンチが見えた。

あそこに座ってこの先のことを考えよう。

そう思って近づいていくと、足を松の根に引っ掛けた。バランスを崩して危うく転びかける。ケーブルを引っ張ってイヤホンを乱暴に引き抜き、暗すぎるよと悪態を吐いた所で気が付いた。

——真っ暗なのに何故ベンチがはっきり見えるのだろう。

周囲には街灯はない。空には月もない。

訝しみながらベンチを眺めていると、薄ぼんやりした白いものが座っている。

最初はぼうっとした霧のようなものかと思ったが、少しずつピントが合うようにして何かが浮かび上がってきた。

仄かな薄青い燐光を放つ女が座っている。自分と同じくらいの世代だろう。

史子さんは、痛む足を押さえながらベンチへ向かい、女の横へと座った。

肩ほどまでの髪に、白っぽい服。俯いていて顔は見えない。

「ねぇ、あんた幽霊でしょ。この世のものじゃないよね。まぁいいや……聞いてよ」

返事はない。

俯いたままの女は向こう側が透けて見えたが、史子さんはお構いなしだった。

「ヒロくんっていうんだけど、私の彼氏。何かさ、浮気してたっぽいんだよね。しかもそっちには結婚とか言い出しててさ。私ら七年くらい付き合ってんだよ。都合がいい女かっての」

一方的に捲し立てる。

最初は反応しなかったが、女は途中で顔を上げて、涙を流しながら愚痴を零す史子さんのことを見つめてきた。本来目玉のあるはずの場所は、真っ黒で何もない。

だが史子さんにとって、それは怖くはなかった。ああ、この人こっちを見てるんだなと思うくらいだった。

微かに頷いている気もする。

そういえば柳島のキャンプ場近くに女の幽霊が出るという噂は聞いたことがあった。正体は防砂林の中で首を吊った女だという話だった。

きっと場所からして、その女だろう。

もしかしたら、男とトラブった末のことだったのかもしれない。

幽霊の正体は分からない。だが、今は話せる相手が欲しかった。

女も頷きながら、何かを言っている。しかし、史子さんにはその内容までは聞こえなかった。

その姿を見ながら史子さんはため息を吐いた。

「――あんたもそんな姿だしさ、きっとなんか辛いことがあったんだと思うけどさー。私も大概酷い目に遭ってるよー。ねぇ、この先どうするのがいいと思う?」

答えはなかった。

空が白んでくる頃には、女の姿は消えてしまったという。

女にだけ視えるもの

湘南の海沿いにはラブホテルが点在している。

季節を問わず、海にはカップルが訪れるからだ。もちろん人がより多く訪れる場所のほうがホテル密度は高い。

柳島の国道134号線沿いに一軒のラブホテルがある。

外観もシックで悪くないし、名前も洒落ている。ただ、人の入りは少ないという噂だ。

理由は怪異が起きるからだと、まことしやかに囁かれている。そこには女にだけ〈視える〉幽霊が出るというのだ。

出るのも女。視るのも女。男には気配すら感じられないともいう。

だから、カップルの女性ばかりが機嫌を損ねて途中退室する。彼氏にとっては地雷のようなホテルだ。

長谷川さんが友人の麻美子から受けた報告は、そのホテルに泊まったときに、足元から女が覗いてきたというものだった。

「思ったより綺麗じゃない」

「何か、あまり好きじゃないかな」

「そっかな。麻美子の気のせいだよ」

そんなことを言いながらカップル二人で風呂でいちゃいちゃした後に、麻美子はベッドに横になった。

——女がいる。

気のせいではない。髪がぐっしょり濡れた女が、ベッドの足元から、ぎらぎらした目で
こちらを覗いている。

あぁ、嫌な気配はこれか。

もう出よう。すぐに出よう。こんな所には一分だっていられない。

「麻美子どうしたの。キョロキョロして」

——あ、この人には視えていないんだ。

その瞬間、すっと醒めた。

強引に始められてしまったが、足元の女が気になってそれどころではない。

結局、集中できずに機嫌を悪くした麻美子のほうからホテルを出た。

「女にしか視えないんだって、その後で聞いたのよ」

「でも、あんたの相手って――」

「だからさ、幽霊って何処で性別を見分けてんのよって話になるじゃない」

麻美子の相手は女性だ。外見は中性的な雰囲気で、人によっては男と間違える。

「お相手さん、幽霊視えないんじゃないの」

長谷川さんが訊ねると、麻美子は首を振った。

「あたしより敏感なのよ。でもあのホテルでは視えなかったの。何これ。何なのよ。訳分かんない!」

第四章　茅ヶ崎市内陸部

三角形の空き地

島本さんが営業で客先を回っていたときの話だという。

その日上司と二人で訪れた営業先は、新湘南バイパスにほど近い、畑の中にある建設会社だった。

車を駐めようにも、周囲は畑と路地と資材置き場と駐車場の区別も付かない状態で、下手な場所に入り込む訳にもいかない。

「島本さんは、ここで先に降りてくれるかな」

上司は何処に駐めようかと迷っているようだ。指示通りに資料鞄を持って助手席から降りる。

「何か中途半端なところで悪いけど、ここでちょっと待ってて。さっきの道路脇に駐めてくるよ」

上司はそこで車を切り返して戻っていった。

客先の手前で降ろされたが、一人で乗り込む訳にもいかない。大人しく畑の真ん中で待ちぼうけだ。

頭頂部をじりじりと昼の太陽が焦がしていく。

駅からも離れているし、時間的なものもあるのだろう。車も通らない。人通りもない。静かなものだ。

「あ、資料」

資料鞄は手に持っているが、今日使う肝心の資料が挟まったクリアファイルを、先ほど鞄に入れ忘れたのではないか。

鞄を胸に抱え直し、中を覗き込む。すると、トントンと肩を叩かれた。

「あ、すいません、助手席に——」

上司が戻ってきたのだと顔を上げるが、周囲には誰もいない。

気のせいか。

再度鞄の中を探ると、やはり肩が叩かれる。先ほどよりも叩く力が強くなっている。気のせいではない。

だが、振り返ってもやはり誰もいない。

——何これ。

気持ちが悪い。どうすれば良いのかも分からない。

何歩か移動して視線を鞄に向けたときに、今度は耳元で囁くような声が聞こえた。

「どかして」

男性とも女性とも付かない声だった。だが、声からは怒りの感情が窺えた。

――どかして？　何を？

上司の車が思い浮かんだ。

先ほど上司が車を駐めに行った方向に歩き始める。すると、向こうから上司が路地を曲がってこちらに向かってくるのが見えた。

「あそこで待っててくれて良かったのに。あと資料」

礼を言って、手渡されたクリアファイルを鞄に詰め込む。

「ちょっといいですか」

路地まで移動すると、畑の中に取り残されたように茶色い土が剥き出しになった三角形の空き地に、上司の車が駐めてあるのが見えた。

そこまで行こうとすると、上司が声を掛けてきた。

「どうしたの。何か怖い顔してるけど」

「あの――あそこ、あの三角の場所、多分お墓です」

島本さんは、以前別の同僚が、この建築会社を訪問した際の話を聞かされていた。

彼は三角形の空き地に車を駐めて、約束の時間まで仮眠を取ろうとした。だが、目を閉じると、車体が揺さぶられる。慌てて起きても誰もいない――。

そんな話だった。

その話をしているうちに車に辿り着いた。

車の周囲を見て回ると、雑草に紛れるようにして卒塔婆《そとば》が倒れていた。ささやかに盛り土をされた上には丸石が置かれている。

「これは土葬の墓だな。悪いことをしちまったか」

上司は慌てて運転席に潜り込むと、エンジンを掛けた。島本さんも助手席に乗り込む。

バックで空き地から車を移動させる。

「どうも」

耳元で声がした。

もう怒っていない。島本さんは安堵した。

茅ヶ崎駅

怪談好きにとって、茅ヶ崎駅は「消えた子供」で有名だ。

二〇一五年六月の話になる。東海道線の線路上で遊んでいた子供を、ホーム上の駅員と旅客が確認した。その結果、列車は緊急停車し、東海道線と相模線が一時運転を見合わせた。その後子供は消えてしまったが、後に監視カメラの映像を確認したところ、映像としては残っていなかったらしい。

この消えてしまった子供は、現在一部で「サザン童」と呼称されている。ただ、茅ヶ崎駅の類似する現象は、昭和の初期から伝わっている。この駅には、通称「砂利拾い」と呼ばれる、子供の幽霊が出るのだ。

この「砂利拾い」の由来は、茅ヶ崎～橋本間を結ぶローカル線であるＪＲ相模線にあるという。この路線はかつて「砂利鉄」と呼ばれていた時代があった。旅客目的ではなく、相模川の砂利を運ぶための路線だったからだ。

一説では、その頃に事故死した子供の幽霊が、「砂利拾い」であるという。

そもそも茅ヶ崎駅の歴史は古い。明治二十年に横浜〜国府津《こうづ》間に東海道線が開通した。その際に藤沢と平塚に駅が設置され、その後、明治三十一年に茅ヶ崎駅が開業している。茅ヶ崎駅の開業とともに、茅ヶ崎は別荘地として名を上げることになる。

ただ開業当時から、茅ヶ崎駅の周辺では火の玉が出るという噂があった。列車はその火の玉に何度も止められたという。

※　※　※

通勤で茅ヶ崎駅を利用している春花さんから、人身事故に関する話を聞かせてもらった。

通勤時の話である。彼女は普段通りに駅のホームに並んでいた。

二列で並んでいると、隣の女性が、横を向いて何かを凝視している。

釣られて視線をそちらに向けると、男性がホームの中ほどで立ち尽くしていた。

ぼんやりした表情で、線路を見つめている。

その腕がゆっくりと上がっていく。

彼の抱えていた鞄が、ホームに落ちて音を立てた。

胸の高さまで上げられた腕には、白い手が絡んでいる。

「手だ」

思わず口から声が出た。

その白い手は、男性の腕を掴んでホームの端に誘っていく。

一歩、二歩。

ホームに列車の警笛が響いた。その直後、彼は腕を強く引っ張られたかのように、バランスを崩しながら線路へと身を躍らせた。

そこに、警笛を鳴らした列車が入ってきた。

衝撃音。悲鳴。怒号。

誰も止める暇もなかった。何人かが様子がおかしいことに気づいていたが、それでも動けなかった。

悲惨な状況に、肩を落とす。沈鬱な空気に誰も口を開くこともできない。

対照的に、閉まったままの扉の内側から聞こえる乗客の声が騒がしい。

その後、おっとり刀で駆けつけた駅員に誘導され、目撃者は現場から少し離れた場所に集められた。その中には春花さんもいた。

彼女は、隣に立っていた女性がじっと見つめてきているのに気が付いた。

「どうしました？」

小声で話し掛ける。すると、女性は唇を震わせながら言った。

「手が、白い手がありましたよね。あの人、手に引っ張られて——」

彼女もあの手を見ていたのだ。春花さんが呟いた声を耳にしていたのだろう。

「ええ。引っ張られた感じでしたね」

自殺でも事故でもないように思えた。

——引っ張られたのだ。

彼女はほっとしたような顔を見せた。

「信じてもらえませんよね——」

春花さんも同じことを考えていた。きっと信じてもらえないだろう。

彼女は、その事故を目撃して以来、ホームの端に立たないようにしている。

※　※　※

茅ヶ崎駅。朝のラッシュ時間帯での話である。

駅のホームには、普段通り、通勤客がごった返していた。

構内アナウンスがひっきりなしに流れるのを聞き流しながら詩織さんは列に並んだ。

列車が来るのを待ちながら、スマホをいじっていると甲高い音が耳に飛び込んできた。

――何だろう。

耳を澄ますと、それは赤子の高い泣き声だった。

これほど混雑しているときに、赤ん坊を連れて電車に乗るのは大変だろう。

そんなことを考えながら周囲を見渡した。

だが、周囲には赤子を抱いた母親の姿もベビーカーもない。だが、泣き声はホームに響いている。

下りホームの列車のドアが開いて〈希望の轍〉のサビが流れた。東海道線の発車ベルは平成二十六年からサザンオールスターズの同曲になっている。

――早く来ないかな。

遅れているのだろう。なかなか列車が到着しない。

段々と赤子の泣き声が大きくなっている。

何かがおかしい。この声を聞いていると、何か嫌なことを思い出しそうになる。

詩織さんは次第に不安になった。通勤ラッシュでごった返すホームだ。赤ん坊を泣かせたままの保護者が、人混みを掻き分けて移動することがあり得るだろうか。

声の源は何処だ。

探すように見渡していると、周りの数人も同じように周囲を窺っている。

泣き声が聞こえているのは、自分だけではないことが分かった。

だが一方で、何も聞こえていないかのように、反応を見せない人も多い。

心に割り切れないものを抱えたまま、詩織さんは耳に響く赤子の声を聞き流していく。

――あたしには関係ないよね。

イヤホンを取り出して耳に入れようとしたときに、近くのサラリーマンが、一点を見て固まっていた。

何が起きているのか。また一人、もう一人。皆同じところを見て引き攣った顔を浮かべている。

口を押さえて何かを堪えている女性。

明らかに動揺した顔をした男性。

「あ、赤ちゃん？」

人混みから男性の声が聞こえた。

全員の視線の先は、一人の女性の足元だった。

ラッシュ時にも拘わらず、彼女の周囲には一メートルほどの空間が空いている。

スカートから伸びたすらりとした足に、赤黒い赤ん坊のようなものがしがみついていた。

その赤黒いものは、声を限りに泣いている。

悲しげに、縋り付くように、必死な声で。

女性は自分に起きている異常に気が付いていないようだったが、周囲の視線を受けて視線を下げた。

自分の足元にしがみつく赤子に気づいたのか、大きな悲鳴を上げた。

その悲鳴と同時に電車がホームに滑り込んできた。

ドアが開き一斉に人が動き出す。〈希望の轍〉のイントロが流れる。

赤子はゆっくりと空気に溶けるように消えてしまい、泣き声も聞こえなくなった。

叫んでいた女性は人混みに紛れて見えなくなった。その後、彼女がどうなったのかは分からない。

公園の花火

真奈さんは中学生の頃、不良っぽい友人と一緒に行動することが多かった。

思春期で心身ともに不安定な時期だというのもあったのだろう。

夜中に無軌道にふらふらと遊んでいるのが楽しかった。

友人はまだ幼さの残る顔で酒も煙草もやった。真奈さんはどちらもやらなかったが。


七月の半ば。梅雨も明けてそろそろ夏本番という時季だった。コンビニの店頭に花火が並ぶと、二人はそれを買い込み、夜毎近所の公園で遊んだ。

公園の暗闇の中で、パチパチと爆ぜる花火。普段抱えているような、今後の進路、親との確執、将来への不安、そんなものは花火の煙の中に溶けてしまえばいい。

手持ち花火を振り回し、ロケット花火を飛ばす。人気のない公園には高い木もなく、見晴らしも良い。燃え移るものもない。周囲は高い金網のフェンスで覆われ、更にその外も畑が続いている。騒いでも迷惑は掛からない。

遊び疲れてベンチに座り、学校のことや家のことをぽつぽつと語り合う。

「もうそろそろ終わりかな」

残り少なくなった花火を見て、真奈さんは呟いた。

「あとちょっとだから、こいつらもやっちめーべよ」

湘南弁丸出しの友人が、残った花火をまとめる。

ベンチに座り、残り少ない花火に一本ずつ火を点ける。

「この公園、本当に静かだよな――」

友人の言葉に真奈さんは頷いた。

そのとき、不意に友人の肩が揺れた。

一回。二回。

誰かに揺さぶられているような不自然な動き。

友人は無言のまま花火に連続で火を点け始めた。手元から勢いよく火花が散り、周囲が急に明るくなる。

何をしているのだろうと友人の顔を覗き込むと、彼は正面を見据えて眉間に皺を寄せていた。その様子から、花火の炎を見ているのではないのは分かった。

真奈さんが首を巡らせて周囲を窺うと、ベンチの背後から伸ばされた掌が視界に入った。手首から先は灰色のスーツの袖で隠れている。それが花火の光で浮き上がっている。だが、暗闇に溶けて身体までは見えない。

思わず声を上げそうになる。

――これ誰？　でもそれより、いつ後ろに回り込んだの。

ベンチは公園の出入り口から少し離れている。フェンスからは五十センチも離れていない。二人に気が付かれずに回り込むのは不可能だ。

そして距離感がおかしい。スーツの腕はまっすぐ伸ばされていた。冷静に考えてみると、男性はフェンスの向こう側に立っているのだ。

でも、掌はすぐ後ろに――。

「後ろ、見るなよ」

友人の声に真奈さんは身体を震わせた。彼も異変に気が付いているのだ。

早く何処かに行ってくれと祈る。祈りながら花火に火を点ける。だが、もうあと数本と線香花火しか残っていない。その数本を友人が掴んで火を点けた。

「舐めんじゃねぇぞ！」

背後の闇に炎を吹き出す花火を投げつけた。同時に真奈さんの手を取り、ベンチから駆け出した。

振り返ると、フェンスの下で花火はまだ光っていた。何処にも男の姿などない。逃げた様子もなかった。やはりベンチとフェンスの間は、人が入ることのできないほどの狭さで、そこに出入りするには、服を擦らないといけない。

「灰色の長袖のスーツだったよな」

友人の言葉に頷く。

「顔、見てないけど、俺、何となく分かったんだよ」

もう帰ろうよと声を掛けようとすると、彼はベンチの脇にあるバケツを指差した。

「後片付けして帰んべ」

普段は不良気取りだが、根が真面目なのだろう。友人の言葉に従って、真奈さんも周囲を片付け始めた。

花火のゴミをバケツに放り込みながら、先ほどの異常事態について話した。

「肩をずっと叩かれてたんだよ。何か気付け気付けって感じにさ」

花火で明るくしていれば消えると思ったが、上手くいかなかった。

「花火投げつけるのって良かったと――」

友人がそこで言葉を切った。

真奈さんも花火の残骸を拾う手を止めた。
すぐ後ろに男がいる。
革靴の先が視界に入った。見下ろすようにして立っている。
叫び声を上げて逃げ出したい。だが、家まで付いてくるかもしれない。
どうすればいい。
そのとき、友人が懐から煙草の箱と、ライターを取り出した。
震える指先で煙草を口に運び、火を点ける。
彼は勢いよく立ち上がると、振り返りざまに煙を吹きかけた。
その直後、男は消えた。
周囲に煙草の煙の香りが漂う。
「多分、煙草苦手だったんだろうな」
友人は、幼い顔に似合わない煙草を咥えたまま、勝ち誇ったような笑顔を見せた。

雪の降る日に

雪が積もり始めたのは深夜のことだった。

湘南に雪が降るのは、年に数えるほどだ。それもあってか、雪が降るのが楽しいと感じる人も少なくない。今泉さんもそんな一人だ。

雪の状態を見て回るついでにコンビニへと出かけた彼女は、店までの道を遠回りして歩いていていた。

他に誰も歩いていない。

風もない。歩いていれば寒さも感じない。

雪が音を吸収するのだろう。音のない景色の中を、さくさくした新雪を踏み締めながら歩いていく。

あ、そうだ。

彼女は何かを思いついたように路地を折れながら進む。

五叉路となった角を奥に入ると目的地だ。

「——真っ白」

そこは神社の境内だった。

最初はただただ綺麗だと思ったが、雪の降り積もっていく光景をじっと見ていると、何となく寒々しさを感じた。

——何か怖い話があったような気がする。

今泉さんは、子供の頃に聞いた話を思い出した。

この神社の横の道を、花嫁を乗せた籠が通り、婚礼先の家に到着した。

籠を開けると、中の花嫁には首がなかった。

首は、この神社の近くの畑に転がっていた——そんな話だった。

地元の昔話だ。それにしても気持ちが悪い話を思い出してしまった。

他にも、この神社の祭神は、女性の神様で、嫉妬深いという話も聞いたことがある。

もちろん、今泉さんはそんな話を信じてはいない。信じてはいないが、首を落とされた花嫁の姿が想像されて気が滅入った。

——もう帰ろう。

気が付くと身体が冷え切っていた。

せっかく綺麗な雪景色だったのに、変なことを思い出してしまった。

そのとき、金色のひらひらと舞うものが視界の隅に入った。

境内の奥で何かが動いている。目を細めると、雪の中に、白い服を羽織ったものが立っていた。目が慣れると、それは齢十歳ほどの少女だった。

おかっぱ頭に白い巫女服のような衣装を身に着けている。ただ、それはもっと薄手の生地でできているように思えた。

体格から見て小学生くらいだろうか。

ただ、今泉さんを驚かせたのは、少女が足に何も履いていないことだった。

まだ降り続く雪の中で、手に金色の扇子を持った少女は、素足のままで一人舞を踊り始めた。

神楽の練習中――という時間ではない。終電も終わって暫く経っているような時間なのだ。

何処か楽しんでいるような、それでいて眼差しは真剣そのものだ。

見惚れていたのは、どのくらいの時間だっただろう。

今泉さんの視線に気づいたのか、少女は、動きを止めた。

その直後、その姿は消え去っていた。

今泉さんは神社の境内に入り込み、先ほど少女が踊っていた場所を確認した。

誰の足跡もない。ただ白い雪が積もっているだけだった。
今泉さんは、先ほどの少女を思い返した。
昔話の凄惨な印象とは違い、少女の印象は全く恐ろしく感じられなかった。
彼女は、今も雪が降るとその神社に足を運ぶようにしている。

サイノカミ

「茅ヶ崎辺りじゃ、道祖神のことは、サイノカミとかセエノカミともいうんですよ」

地域の歴史を知るという校外学習の一環で、紅音さんは地元に住む川本さんというおじいさんの話を聞いていた。

道祖神とは村と村の境に祀られる神で、村に悪霊が入ることを防いでくれるという。人が多く行き交う東海道に近いこともあり、近隣には道祖神が多いのだと説明を受けた。石に男女の像を彫ったものを想像したが、文字で〈道祖神〉とだけ彫られたものも少なくない。中には人の背と同じくらいの高さのものもある。

老人は、ここで不思議な話があったんですと、柔和な笑顔を見せた。


「川本の家は、昔からこの辺りの地主だったんですよ――」

まだ川本さんの父親が当主だった頃の話だ。当時の川本家が所有していた土地は広大で、今の国道1号線の辺りから、自分の土地だけを踏んで海まで行けるほどだったという。その土地の一角に大きな石造の道祖神があった代々大切にしてきたが、戦中に空襲があるというので、当時の茅ヶ崎町の町役場に隣接した広場まで道祖神を運んだ。すると、その夜から怪異が起きるようになった。

夜寝ていると、何処からともなく女性が泣く声がする。部屋を見回すと、畳の隅で女性が蹲っている。その姿はうっすらと向こうが透けている。背筋が冷たくなったが、どうすればいいのかと思いながら見ていると、その女性が顔を上げた。

「帰りたいのです。帰して下さい」

そのとき、彼の心に浮かんだのは、先日町役場に運んでいった道祖神のことだった。

女性は何度か帰りたいと繰り返すと姿を消した。

長い間置かれていた場所から移動させたことが、何か問題だったのだろうか。だが、わざわざ人手を頼んでまで運んでいったのだから、すぐに戻す訳にもいかないだろう。

当主は自分の見たものを周囲に話さずにおいた。ただの夢かもしれないし、そんなことを告げて周囲からどう思われるかも分からない。

だが翌々日の朝に、彼の妻から女性の幽霊が現れたと打ち明けられた。

「役場に運んだサイノカミのことだと思うのですが――」

彼女も戸惑っていたが、更に数日すると、家族全員が女性を見たと言い出した。その後、川本家では子供の姿をした幽霊をも目撃することになる。

こうなると当主としても放っておくことはできない。道祖神を元の場所に戻そうと、周囲に話を持ちかけた。

道祖神を戻した途端に、件の女性が出てくることはなくなった。

「不思議な話ですね――」

紅音さんが素直な感想を述べると、川本さんはまだ続きがあるのだと言って、笑顔を見せた。

終戦直前に、隣の平塚にある平塚海軍火薬廠はじめとした軍需工場群を目標とした空襲があり、茅ケ崎にも焼夷弾が落ちた。これによって、茅ケ崎では相模川寄りの地域が被害を受けた。

戦後、地主の土地の多くはGHQの指揮の下、農地改革が行われたことで小作人に売り渡された。川本さんの家でも同様だった。

そこで川本さんは道祖神のあった土地に家を建てて、そちらに引っ越すことにした。道祖神自体はそこから少し行ったところにある地元の神社に納めることにした。

きちんと祈祷も済ませ、家を建て始めた。

しかし、また件の女性の幽霊が現れ、帰りたいと繰り返した。

だが、家も建築中で、もう後に引くことはできない。

他の地域でも、神社や寺に道祖神を移動することは当然のように行われている。今回は神社の祈祷も受けた。そのうち幽霊も諦めるだろう。

当主はそれを待つことにした。

だが、数日して、道祖神の納められた神社に落雷があった。

これだけなら祟りという話は持ち上がらなかっただろうが、更に数日経ち、建てている最中の家に落雷があり、火の手が上がる騒ぎになった。

幸い小火《ぼや》で済んだが、これには棟梁《とうりょう》が怯えてしまった。結果、道祖神は元あった場所に戻されることになり、家はそれを避けるようにして建てられた。

「あれがその道祖神でして――」

道からは離れてしまったが、この近くを通る際には、時々手を合わせてもらえると嬉しいのだと、川本さんは優しい笑顔を浮かべて説明を終えた。

彼の視線の先には、人の背と同じくらいの大きな道祖神が祀られていた。

オチヨバンバの石碑

茅ヶ崎の円蔵という地域にオチヨ《お千代》バンバの石碑という小さな供養塔があった。以前は茅ヶ崎唯一の心霊スポットとも呼ばれていた。過去形で記すのは、二〇二一年七月現在、その石碑は移転され、近隣のお寺で供養されているからだ。

だから、この話は過去に起きたことだと思ってほしい。

ＪＲ相模線北茅ヶ崎駅を降りて、川を渡って工場の並ぶほうに向かっていき、舗装されていない狭い路地を入ったところにその碑はある。廃工場の敷地を囲うブロック塀は、石碑を避けるように建てられ、敷地脇の通路からも木造の柵で隔離されていた。

石碑の大きさは二十センチ四方に高さが三十センチ。二リットルの角形ペットボトルの上半分といったサイズである。そのサイズと比して、物々しいともいえる。

石碑は古いもので「為無縁」という文字が刻まれているのを確認できる。なお、この石碑はお千代さんの墓ではなく、供養塔とのことだ。

そしてこの石碑が問題なのだ。伝承によれば「フレルトオコリヲフルワレル」と言われている。

つまり、この石碑に触れる者は祟りに遭う——。

そう伝えられていた。

※　※　※

あるとき、友人達と心霊スポットを巡っていると、田中という友人が思い出したように言った。

「オチョバンバの石碑は触らなくても変なことがあるよ。晴雄ってのが体験してる」

晴雄は彼の小学校時代の友人である。

その彼が塾帰りにオチョバンバの石碑のある砂利道を歩いていた。

晴雄は石碑に対して特別何か思い入れなどがあった訳ではない。単純に彼の家からＪＲ相模線の北茅ヶ崎駅までは、その道を通るのが一番近かっただけの話だ。

だから、普段からその路地を利用していた。

そもそも晴雄はその通路に石碑があることすら気づいていなかった。

もう陽は落ちていて、電柱の街灯も心細い。

舗装されていない道をとぼとぼと歩いていくと、前方に何かが蹲っていた。
犬だろうか。
晴雄はそう思ったが、どうも犬よりは大きそうだ。
そうなると、あれは何だろう。
立ち止まって思案を巡らせる。
駅から線路沿いに歩いてきて、通路側に折れて家まで半分は来ている。
これを線路沿いまで戻って迂回するとなると、余計に時間が掛かる。
多分遅くなったとお母さんに怒られるだろう。
だが、あの蹲っているものの正体は何だ。
一歩。二歩。三歩近づいたところで、それが老婆だということが分かった。
着崩したえんじ色の和服を身に着けた老婆が、地面の高さからこちらを見ている。
地肌が透けて見える頭から、白髪が地面まで垂れていた。
目の奥が犬か猫のように光り、その老婆が立ち上がった。
晴雄もその瞬間に踵を返し、線路沿いの道まで走り出していた。
全力で走る背後から、何かが迫ってきているのが分かった。
一瞬後ろを振り返ると、先ほどの和服姿の老婆が、四つん這いで追いかけてくる。

もうすぐ線路だ。
線路まで辿り着いても、老婆がどうなるかは分からない。
それでも鞄も放り投げ、ただ全力で走り続けた。
線路脇の舗装道に辿り着いた。自宅に向かうなら左折。
左に折れながら、後ろを確認する。
もう老婆の姿はなかった。
だが、怖くて鞄を取りに戻ることができなかった。
帰宅して、体験したことを両親に告げると、父親が鞄を取りに行ってくれた。
それ以来、その通路は通らないようにしているという。

そんな田中の話を黙って聞いていた三崎という男は、話が一段落したと見ると、打ち明けるように言った。
「俺、あそこで引きずられたよ」

※　※　※

三崎も地元のオカルトマニアで、中学生の頃からオチョバンバの石碑については噂に聞いていた。彼の先輩も、そのまた先輩も、石碑を触った数日後にバイク事故に遭ったり、交通事故で怪我をしたりと、散々な目に遭っている。

「だからさ、俺は祟りっていうのは勝手に交通事故関係なのかなって思ってたんだよ」

自分はバイクにも乗らないし、普段から車の往来の多いところは通らないようにしている。だから交通事故は大丈夫だ。

勝手にそう思っていた。

ある夜、悪友二人と石碑を見に行くことにした。

言い出しっぺの三崎が案内役で、自転車三台で円蔵まで遠征したのだ。

時刻は夜八時。まだ宵の口ではあるが、真冬ということもあって、真っ暗だ。

周囲は頼りない街灯以外に光源はない。

「雰囲気あるね」

「その石碑って、結構大きいの？」

事前に一度訪れていた三崎が、悪友達に説明をする。膝下より小さいと聞いた彼らは拍子抜けしたようだった。

「そんなの全然怖くないじゃん」

壁沿いに自転車に乗っていくと、木製の柵が見えた。やけに物々しい。

柵には、ゴミを捨てるなという掲示が打ち付けられている。壁で囲われた中は、砂利が敷かれており、その中に頭を突き出すようにして、可愛らしい石碑が立っている。

「これ、触ったら祟られるんだろ」

今更悪友の片方が確認するように声に出した。

「そういう話だって先輩から聞いてるけど」

「三崎触るって言ってたよな」

「触るけどよう。ちょっと待ってくれよ」

確かに二人には、石碑を触るから見届け人になってくれと頼んだが、やはり実行するとなると、少し勇気が必要だった。

「早くやれよう」

悪友達が急かす。その声を背に受けて、三崎は柵を跳び越えた。

——触ったら祟られる。

石碑を手で撫でる。

「おい、雨か？」

友人が上げた声にびくっとした。

確かにぽつぽつと雨が降ってきている。だが、上空を見上げても、空は満天の星空で雲一つない。

「触ったぜ。何も起きないはずだ。俺は気合いが違うからな」

再度壁を乗り越えて、通路に戻ろうとすると、体重を支えていた腕から急に力が抜けた。

かくりと肘が曲がり、バランスを失った彼は、顔から地面に落ちた。

「ってぇ！」

痛みを堪えて立ち上がろうとしても、全身に力が入らない。

「どうした。三崎、何やってんだ」

「早速祟りかぁ」

声を掛けてくる。心配するというよりは、何か盛り上げようと演技をしているように思われているらしい。

説明をしようにも、声が出ない。

そのとき、首筋を何かに引っ張られた。

砂利道を引きずられていく。

え、何これ。誰がどうやって——？

混乱した。いくら力を入れても身体が動かない。ただ、砂利の敷かれた路地を為す術もなく引きずられていく。

「三崎どうしたんだよ」

自転車に跨がった悪友二人が並走してくるが、どうしていいか分からないらしく、助けてくれる訳でもない。

すぐに相模線沿いの舗装された道路に出た。だが、引きずる力は緩まない。左に折れてアスファルト道を引きずられた。上着はもうボロボロになり、全身土埃にまみれている。

カンカンカンと耳を劈《つんざ》く警報音、赤く周囲を染める警告灯。

モーター音で遮断機が下りてくるのが分かった。

踏切名の書かれた黄色地に黒い文字。

このとき、初めて殺されるという恐怖が浮かんだ。だが、身体は動かない。

――もう駄目だ。

諦めそうになった直後に、すぐ頭の上を四両編成の相模線が通過していった。

遮断機が上がると、全身に力が入るようになった。そこで初めて気が付いた。

悪友達が、踏切に引きずられそうになっていく三崎の足を泣きながら掴んでいた。

翌日は学校を休んだ。

その次の日、先日の経験を先輩に報告すると、先輩は腕を組んで言った。

「そんなの、オチョバンバが祟るって知ってても、ふざけてやったからだべ」

先輩はしきりに謝ってこいよと繰り返した。

次は死ぬからな。お前と同じことやって、命取られた先輩のこと知ってるんだ。

その言葉に、三崎は一人で石碑に謝りに行った。

以後、祟りのようなものはないが、あのときどうやって引きずられたのか、よく分からないという。


なお、伝承によれば、お千代という名の身寄りのない老齢の女性が、長年円蔵の了覚院の堂守りをしていた。その後老齢によって亡くなり、供養塔が建てられたという。

現在も円蔵には了覚院はある。ただ、地元の伝承の〈河童徳利〉にもゆかりのある輪光寺の末寺として、小さなお堂と何基かの僧侶達の墓石が立つだけだ。

オチョバンバの供養塔はそこに移転されて、現在は静かに供養されている。

移転以降、触れて祟りがあったという話は、今のところ聞かない。


〈『茅ヶ崎の伝説』郷土史研究グループ「あしかび」（茅ヶ崎市教育委員会・昭和五十六年）〉

修道院跡

茅ヶ崎市甘沼の小さな山の上に、街を見下ろすようにして大きなマンションが建っている。心霊スポットとして近年知られている殿山トンネルからも遠くない位置だ。

もう二十年ほど前になるが、そのマンションの工事に関わった建設作業員から、その工事現場で幽霊を見たという話を聞いた。


広い敷地にマンションを建てるにあたり、高さ三メートルほどの金属の板で、周囲を防音防塵の為にぐるりと囲んでいた。

その日が初日という、ショベルのオペレーターの内田さんは、廃材を積むトラックが到着するのを待つ間、運転室の中で煙草を吸い始めた。

どうやらこの場所は元修道院らしい。修道院は何年も前に何処かへ引っ越したそうだが、いち作業員に過ぎない彼に、その辺りの理由はよく分からない。

冬の現場は草も枯れて地面が剝き出しになっており、その上に鉄板が敷かれている。トラックがその上を走ると、土埃が舞い上がる。

窓を開けると寒いし、埃が入るのも嫌だった。

内田さんは運転室の窓を閉めて煙草を吸っていたが、すぐに煙が室内を満たしていく。

――仕方ねぇなぁ。

彼はドアを薄く開けた。

すると、履帯の脇から、自分を見上げる目があることに気づいた。

「おじさん何してるの」

流れ出す煙もあって顔がよく見えないが、体格とたどたどしい口調、やや高い声から、年齢は五、六歳の男の子だと判断した。

「建物を壊して、新しい建物を建てる準備をしているんだよ。ここは工事してて危ないから、早くおうちに――」

内田さんが言い終わる前に、男の子は身を翻《ひるがえ》して、出入り口のほうへと走っていった。

そこからは大型ダンプカーなども出入りするのだ。飛び出して事故に遭う可能性だってある。

「危《あぶ》ねぇぞ！」

引き止めようとドアから身を乗り出すと、少年は道路に飛び出る前に透明になって姿を消してしまった。

慌ててドアを閉める。携帯電話を取り出すと、現場責任者の小堺さんに助けを求めることにした。

ドアから出るのすら怖かった。

「幽霊が出ました！」

通話が繋がると同時に、内田さんは携帯に向かって叫び声を上げた。小堺さんは電話の向こうでため息を吐いた。

「迎えに行きますから、待っていて下さい」

小堺さんが来るまで、心細くて仕方がなかった。それに寒くて仕方がない。運転室の中がどんどん冷えていくのだ。エンジンを掛けてエアコンを入れる。ドアも窓も閉め切っているのに、一向に室温が上がらない。

内田さんが震えながら待っていると、小走りでやってくる小堺さんが見えた。

ほっとしてショベルカーから降りる。

詰め所まで歩きながら、小堺さんと今見たものの話をする。彼は内田さんの見たものを否定しなかった。

小堺さんは黙ったまま困ったような顔をしていたが、不意に口にした。

「内田さんは辞めないで下さいよ」

「え。どうしたんです？」

確かに怖い目には遭ったが、辞めるつもりはない。

「今までも作業員の方が何人も交代になってるんです」

彼はそう口にすると、内田さんに向かって訊ねた。

「あの、子供が出るって、他の作業員の方からは聞いていませんか」

聞いていなかった。すると知らないことを察したのか、小堺さんが漏らした。

「目の前に幼稚園の廃園があるからですかね」

振り返ると、廃墟となった幼稚園の敷地が見える。

話によると、今工事している修道院の翌年くらいまでは運営されていたらしいが、幼稚園の運営母体の大学が、移転資金を得るために売却したのだという。

「何か変なことでもあったんですか」

「特に何もないはずですよ」

では先ほどの男の子は何だというのか。

「因縁とかは何もないみたいなんですよ――」

彼は再び困った顔をした。

「また何かあったら、言って下されば迎えくらいは行きます。でも、僕にはよく分からないので、追い払うとかそういうことはできないですけどね」

ははははと笑ったが、小堺さんも困っているようだった。

内田さんが後に同僚に聞いた話では、以前から半透明な子供が重機に纏わりつき、しょっちゅう工事が止まっているとのことだった。

※　※　※

内田さんがそれを体験のと同じ頃、軍司さんもまた、同じ現場に関係していた。彼は廃材を運ぶトラックの運転手である。

ある日、彼は廃材を積載するために順番待ちをしていた。

こん。

トラックに石か何かが当たる音が助手席側から聞こえた。左側のミラーに視線を送ると、小さな子供の影が見えた。

「何しやがんだ」

その場に子供がいることを不自然に思うよりも先に、怒りが先に立った。

トラックを降り、車体の周囲を歩いてみたが、子供の姿が見当たらない。

——逃げ足の速い奴め。

気のせいかとも思ったが、確かにミラーに子供の姿が映っていたのだ。

首を振りながら運転席に戻ると、今度は二回音がした。

ミラーを覗き込むと、やはり子供の姿が見える。

ふざけるなと思いながら、再度トラックを降りて助手席側に向かう。

だが、子供の姿はない。彼は後続のトラックの運転席まで行くと声を掛けた。

「さっきから、俺のトラックに子供が悪戯してんだけど、どっちに逃げたか見なかったか？」

問われた側は何を言っているんだという顔をした。

「子供なんか見なかったぞ。入り口に誘導員もいるから、子供なんて入れないだろ」

もっともな話だ。

——じゃ、何を見たってんだ。

何度も首を捻りながら運転席に戻ろうとしたところ、背中に小石が当たった。

反射的に振り返ったが、誰もいない。

「何だよ」

小さく呟いた直後に、周囲に甲高い笑い声が響いた。

子供達の笑い声に腰を抜かした軍司さんは、作業員達の詰め所に運ばれた。

急病という扱いで、落ち着くまでは詰め所で横になるように指示されたが、先ほど周囲で得体の知れない笑い声を聞いたという作業員が続々と集まってきた。

彼らの興奮した口調に、自分の体験したものは気のせいでも何でもなかったのだと、ますます恐ろしくなった。

※　※　※

以前、修道院跡地に建つマンションに住む方から寄せられた話である。

「僕が聞いているのは、何階だったかな。子供の幽霊が出るらしいんですよ」

季節は夏だった。

深夜、マンションの廊下をパタパタと足音を立てて子供が走っていく。しかも一人ではない。何人かで追いかけっこをしている。

時計を確認すると午前二時を過ぎている。子供が遊ぶような時間ではない。

一体何が起きているのだろう。

丁度小腹も減ってきていたので、すぐ近くのコンビニに出かけて、夜食を買うことにした。その道中で、足音の正体も分かるだろう。

玄関で靴を履く。まだ足音が行き来している。

——夜中は子供が遊ぶ時間じゃないんだよ。

どう文句を付けてやろうか。そう思いながらドアを開けた。

その瞬間、先ほどまで走り回っていた足音は、ぴたりと止み、あとは虫の鳴き声しか聞こえなかった。

※　※　※

「幽霊の話は半世紀以上前からあるんだよ」

現在七十代の久保田さんは、中学生の頃に、海辺のほうからわざわざ自転車でこの地域まで肝試しに足を運んだという。単純計算で六十年近く前だ。

当時の記憶によれば、墓地を巡っている間に火の玉を見たという体験があるそうだ。他にも、周囲には横穴古墳が幾つもあるのだと教えてくれた。

「甘沼には昔から修道院があって、共同墓地もあるから、それが噂の原因じゃないかな。確かに肝試しで行った修道院のマリア像は、少し気持ち悪かったけどね――」

茅ケ崎のこの地には、戦前から修道院があった。彼の言う共同墓地とは、戦後甘沼に作られたカトリック系の共同墓地のことだ。そこは今でも芝の生えた斜面に整然と十字架型の墓が並んでいる。

彼は井戸にシスターの一人が身投げしたという噂話を記憶していたが、実際に起きたことかどうかは知らないとのことだった。

周囲に子供の幽霊が何故出るかも知らない。

ただ彼は、僅かに口籠もった後でこう漏らした。

「因縁なんてなくても、出るものは出るんだよ。あの辺りは」

なんどき幽霊

茅ヶ崎には、なんどき幽霊という話が伝わっている。

民話によれば、今宿と中島とを分ける筏川に架かる今宿橋という橋があった。そこに美しい女性の幽霊が出たという。

その正体は、結婚の約束をした自分を裏切り、約束の時間に来なかった男を恨んで川に身を投げた女だと伝えられている。男を待ちわびる女は、若い男が通る度に「今、何時《なんどき》か」と訊ねた。即座に答えられないと、川に引き摺り込まれた。回避するためには、「もうすぐ夜明けだ」「一番鳥の鳴く時間だ」と答える必要があったらしい。

その美しい幽霊が評判になり、周囲にはそれ目当ての店が並ぶほどだったらしい。その後、今宿橋はなんどき橋と呼ばれるようになり、幽霊はなんどき幽霊と呼ばれている。

つまり、民話なんどき幽霊譚とは、なんどき橋に出没した幽霊の話であり、所謂時刻を訊ねる幽霊譚の一種である。

今の筏川に関しては大部分が暗渠《あんきょ》になっているらしく、近隣には旧筏川広場と名付けられた公園もある。現在でいえば、なんどき橋は茅ヶ崎の西側を南北に走る産業道路と国道

1号線の交差点ともいうが、近隣の古老の話によれば、実際にはもう少し北側で、産業道路と鶴嶺通りの交わる辺りとのことであった。

この話が原型となっているかどうかは分からないが、産業道路に面していた大型書店の前にある電話ボックスには、雨の日になると女の幽霊が出るという噂があった。

不思議と車の中からしか見ることができず、徒歩では姿を確認することはできないのだそうだ。

※　※　※

「その女なら、見たことがありますよ」

ツイッターで湘南地区の実話怪談を募集したところ、梨緒さんから体験談が寄せられた。

詳しく訊ねると、まだ彼女が高校生の頃だったという。

「その本屋も、もう五年くらい前に閉店しちゃって、今はコンビニが建ってますけどね。確かにその日も雨でした――」

夜の九時は回っていたと思う。年上の友人の車に乗って、家まで送ってもらうところだった。

　昼間は交通量の多い産業道路も、この時間帯は車通りもまばらだ。

「今電話ボックスに、変な女がいたぞ」

　ハンドルを握っている友人が、そんな素っ頓狂な声を上げた。

「そりゃ電話してる人くらいいるでしょ」

「いや、そうじゃないんだ。あっち側が透けて見えたような気がしてさ」

　きっと友人も、〈電話ボックスの女〉を思い出したのだろう。近隣の中高生の間では有名な噂話なのだ。

「幽霊なんているはずないじゃん」

　梨緒さんが口を尖らせると、友人は急にUターンをした。

「見に行こうぜ」

　呆れはしたが、興味が湧いた。何もなかったとしても、この話だけで、暫くは仲間内で笑いを取ることができそうだ。

　そろそろと車を近づけていくと、確かに電話ボックスには女性の姿があった。

「いるだろ」

「普通に電話してるだけじゃん」

「徒歩だと見えないって聞いてるだろ。だからさ、ここで車を駐めて、歩いていけば良いんだよ」

「外、雨だよ」

不満を訴えたが、友人はお構いなしだ。いいからいいからと、ハザードランプを点けて、さっさと降りてしまった。


「いない」

今しがた、車窓から見えたはずの女が消えていた。

「今、電話ボックスの中に見えたよな」

二人は電話ボックスに走り寄った。周囲を見ても、人影はない。

「女の人は……？」

「消えちゃったみたいだな——中見てみろよ。受話器外れてるぞ」

友人の指摘通り、公衆電話から受話器が外れて、カールしたケーブルが伸び切っていた。

電話ボックスのドアを開けて受話器を取ると、何か小さく声が聞こえた。気持ちが悪いので友人に渡すと、彼はそれを耳に当てた。

友人は何か考え込むような顔をして、受話器を再度渡してきた。

梨緒さんが耳に当てると、それは時報を告げていた。

――なんどき幽霊だ。

「今何時？」

車に戻ると、エンジンを掛けながら友人が聞き覚えのある節を付けた口調で訊ねた。

「そうね、大体ね――」

梨緒さんは、その節に合わせるように返した。

今しがた幽霊を目の当たりにした二人には、精一杯の虚勢を張って茶化すことでしか、恐怖を紛らわせることができなかった。

河童徳利

茅ヶ崎の民話に、「河童徳利」というものがある。より正確に言えば小出川という茅ヶ崎の西部を流れる川に掛かる「大曲橋（旧名・間門橋）」に関連する伝承である。

茅ヶ崎の西久保に三輪五郎兵衛という名の、酒好きだが働き者の馬方がいた。ある日、仕事を終えた彼は、大曲橋の袂で愛馬のアオを洗っていた。

突然馬がいなないた。

見ると、馬の尻に河童がかじりついている。

川底に馬を引き込もうとする河童を、五郎兵衛さんは周囲の人々を呼び集めて捕らえた。

捕らえられた河童は撲殺されるところだったが、泣いて詫びる姿に、五郎兵衛さんは絆《ほだ》されて河童を逃してやった。

その夜、河童が五郎兵衛さんの家を訪れた。河童は五郎兵衛さんが酒好きだと知ったので、先ほどの礼にと、魚二匹と酒が無限に湧き出る徳利を贈ってくれた。酒が三合入る徳利は、注げども尽きず、また酒香馥郁《ふくいく》として絶佳であったという。

河童によれば、徳利の尻を三回叩くと酒が止まるとのことだった。

その徳利を贈られて以来、五郎兵衛さんは仕事も忘れ、日々酒を呑んで暮らした。真面目な働き者だった頃の彼は見る影もない。

だが、ある日、彼が家の前で酒を飲んでいると、厩《うまや》には餌ももらえずに痩せこけた馬がいた。愛馬の様子に気づいた五郎兵衛さんは、酔いがいっぺんに醒めた。

彼は河童徳利の尻を三回叩き、もう酒が出てこないようにした。

心を入れ替えた五郎兵衛さんは、元の働き者に戻ったという。

ここに登場する五郎兵衛さんは、文政七年に亡くなり、以前は墓も茅ヶ崎市円蔵にあった（現在は静岡県川根《かわね》本町に移転されている）。また、徳利の実物も現存している。

つまり、この伝承は〈実話怪談〉なのだ。ただし河童徳利の話は江戸時代のものとされているが、一方で山田桂翁により編纂《へんさん》された「宝暦現来集」には、鎌倉時代の話として記されている。主人公は三輪五郎兵衛の先祖だ。

なお、相模川水系には河童の話は少なくない。湘南の話から外れるが、上流で相模川に注ぐ「目久尻川」の由来の一つは、河童が悪さをするので、目を抉《くじ》り取ってしまったことにあるという。

このような河童伝説の地である茅ヶ崎には、今日でも河童との遭遇譚がある。

河童徳利伝説のある小出川は、最下流において、相模川の河口付近に合流する。その付近はゴルフ場とスポーツ公園などがあり、小出川沿いにも公園が設けられている。そのような環境のせいか、現在の小出川では河童の目撃談は、河口付近に多いようだ。

※　※　※

久木田さんは、相模川の河口付近で水上バイクを楽しむのが趣味だ。マリーナに預けてあり、気が向いたときに出かけていって楽しむ。現在は水上バイクフィッシングにハマっている。これは水上バイクでフィッシングポイントまで出かけて釣りをするというものである。乗り合いの釣り船よりも融通が利き、プレジャーボートよりも取り回しがよい。

彼が言うには、マリーナから水上バイクで沖に出る際に不思議な子供達を見かけることがあるという。

小出川の河口は、かつて小型の漁船が不法係留しており、船だまりになっていたが、今は進入禁止になっている。

その付近に幼稚園児から小学校低学年くらいの子供が寝転んでいたり、しゃがんでいたりするのを見かけるのだ。

夏ならばまだ分かる。だが、真冬の早朝にもいる。

彼らはいつも裸で、全身が日に焼けたように黒い。

この話を聞いたときに、久木田さんに河童ではないかと訊ねた。

彼は「よく分からんけど、河童ってこんな海に近いところにいるのかい」と驚いたような顔をした。彼が見ているものが本当に河童かどうかは分からない。ただ、河童ならいいなと思っている。

※　※　※

平成九年の夏の話だという。

中島さんの旦那さんはサーファーだった。休日の早朝は中島さんは荷物番で、よく湘南方面へ足を伸ばしていた。

その時々の波の状態で入るポイントを決めていたが、その日は茅ヶ崎サザンビーチから少し西の柳島海岸で楽しむことにした。今でいう石積み海岸の東側に当たる。

旦那さんは砂浜にシートを敷いて着替えた。紛失防止に結婚指輪を半透明のポーチに入れる。中島さんは荷物番だ。

彼は一度海へ入ると、昼頃までは戻ってこない。なので、一人で本を読んだり居眠りしたりと、気ままに過ごしていた。朝が早かったので、その日は早々に寝る体勢になり、うつらうつらしていると、頭の上のほうで何やら気配がした。顔を横に倒してそちらに視線を送ると、薄くくすんだ緑色の生き物がゴソゴソと蠢《うごめ》いている。

彼女は驚いて起き上がった。明らかに人ではない。だが、二本の脚で立ち上がった。相手が何者なのか判断が付かない。見たことのない人型をした生物だ。お互い視線を合わせていると、その生き物がポーチに手を伸ばした。

「それはダメ！　返して！」

声を上げる。しかし言葉が通じないのか、生き物は器用にポーチを開けると、中から指輪を取り出してまじまじと見つめた。それは指輪を握りしめ、ポーチをその場に放り出して逃げ去ろうとした。

「それは大事な物だから返してよ！」

更に大きな声を出す。すると、その生き物は振り返り、何かジェスチャーのように両手を合わせては離すという仕草を繰り返した。

相手の伝えようとすることが分からず、ただ見ていることしかできない。

手に水掻きがあるのに気づいた。よく見れば本や絵などで見る河童にそっくりだ。しかし、ここは海岸である。そもそも河童などいる訳がない。中島さんは混乱し、兎に角指輪を返してと、声を上げるばかりだった。

河童は、両手を合わせては離す仕草を繰り返す。その表情は何処か悲しげに見えた。時間にしたら数分だろう。だが、何故か中島さんは大事な指輪を諦める気になった。

「欲しいならあげるよ。持っていっていいよ」

何故か今の自分には不要なものに思えたのだ。

言葉の意味を理解したのか、河童は中島さんに近づいて手を取った。手の甲を撫で、更に頭も撫でる。抵抗する気にならなかった。むしろ、心がほっとするような感覚を覚えた。

彼女は河童の手を取った。ひんやりとして、トカゲか蛇のような触感だった。

「大事なものだから大切にしてね――」

河童はそれには答えず、西へと駆けていき、防砂林の中に姿を消した。

中島さんは後を追おうと思ったが、砂浜には足跡もない。追跡は不可能だった。

それから三年後に結婚生活は終焉《しゅうえん》を迎えた。河童の仕草と関係あるのかどうかは分からないが、何となく関係があるのではないかと思っている。

第五章　平塚

堤防通り

警備会社に勤めている天津さんから聞いた話である。

当時、彼女は湘南銀河大橋の平塚側の現場で警備を行っていた。

湘南銀河大橋は、相模川に架かる車道のある橋としては下流から三番目の橋になる。湘南新道の走る片側二車線の大きな橋だ。茅ヶ崎側には圏央道の寒川南インターも設置されている。近年ますます交通の要所として、存在感を増している。

なお最下流には国道134号線の走る湘南大橋、その一つ上流に国道1号線の走る馬入橋が掛かっているが、共に片側一車線で交通量も多く、よく渋滞していた。しかし湘南銀河大橋の設置によって渋滞も緩和されたらしい。

その日、天津さんの担当は工場地帯の通行止めの警備だった。配置されたのは、相模川の土手から合流する道を通行止めにした場所だった。車はもちろん、人も入れないようにガードフェンスで囲ってあり、側には作業員用の簡易トイレが設置されている。

仕事は楽なものだ。そもそも車も人も来ないので、警備といっても仕事らしい仕事もない。何事も起きなければ、時間が過ぎていくのを待っているだけで良いのだ。

夕刻を過ぎ、周囲も暗くなった。

彼女が警備を続けていると、フェンスの側に気配を感じた。

意識を集中させて振り返る。すると、ランニングをしていたらしいジャージ姿の男性が、人の背ほどもあるフェンスを乗り越えようとしていた。

慌てて声を掛ける。

「こちら側は進入禁止ですよ。危ないのでやめて下さい！」

声を掛けると、男性はフェンスの上で表情を変えた。

慌てて背後を振り返る。犬か何かにでも追われているのだろうか。

彼は降りようかどうしようかと迷っている風だったが、そもそもフェンスには碌《ろく》に支えもない。転倒して怪我でもされたらたまったものではない。

再度強い口調で降りるように促すと、彼は大声を上げた。

「そうだ！　トイレ、トイレ貸して下さい！」

土手の道にはコンビニもなく、トイレを借りることもできない。

ランニングやサイクリングをしている人に、作業員用の簡易トイレを便利に使われては困るので、監督からも「危ないから使わせるな」という指示が出ている。実際、工事の関係でアスファルトもめくられているので、事故を避けるためにフェンスの内側には関係者以外は入れないことになっている。

「決まりで、作業員以外は使えないことになってるんですよ」

「漏れそうなんだよ！」

フェンスの上で漏らされても困る。

余りにも必死な形相に、周囲に人がいないことを確認して、シャッターから工事区画に入るように促した。

トイレに案内する。

横を歩く男性は、何故か震えていた。よく見ると顔色も土気色をしている。

身体が震えるほどトイレに行きたいなどということがあるのだろうか。それとも急に体調が悪化したのだろうか。

もっと不自然な点を挙げるなら、案内されながら、後ろを何度も振り返ることだ。

思い返すと、先ほどもフェンスの上で背後を気にしていた。一体何に追われているのだろうか。

案内された簡易トイレに駆け込むと、男性はなかなか出てこなかった。

十分経っても出てこない。

あまり担当箇所から離れている訳にもいかないので、声を掛ける。

「大丈夫ですか？」

返事がない。

――困ったな。

中で倒れたりしているのではないかと思っていると、トイレから男性の声がした。

「誰も追いかけてきてないか」

やはり追われていたのか。

「ええ、誰も来ていませんよ」

そうかと答えた男性は、それからさらに十分ほどしてトイレから姿を現した。先ほどよりは顔色が戻っているように思えた。

「何かに追われてるんですか」

そう問うと、男性はびくりと身体を震わせた。

「腕のない子供に追い掛けられたんだよ――」

「それにしても、あんたよくこんなところで警備なんてやってんな」

男性は堤防に続く道に視線を向けた。

堤防の内側には野球のグラウンドやゴルフの練習場などがある。それらを見下ろすように道路が走っており、彼は普段から、そこでランニングをしているらしい。

一つ上流の神川橋から馬入橋までの片道三キロ弱を往復するコースだ。

今日も普段と同じように、自宅のある上流側から走ってきた。

途中から、すぐ背後を走る足音が聞こえてきた。

自分とはテンポが違う。たったった、という軽い足取りだった。

最初は気にしなかったが、ずっと背後を尾けられていると、やはり気になるものだ。

——誰だろう。嫌なことをするなぁ。

いつも見かけるランナーに、こんなことをする人の心当たりはない。となると新人だろうか。それにしたって、これはマナー違反ではないか。

次第に腹が立ってきた。

男性は振り返った。すると、そこに両腕のない男の子が走っていた。

半袖のTシャツに、半ズボン。髪は短く刈り揃えていて——透けている。

障害者だろうか。いや違う。障害者は透けていない。そこで一気に血の気が引いた。

軽い足音は、ずっと追いかけてくる。

我慢し切れずに再度振り返ると、男の子はにやにやと笑みを浮かべていた。相変わらず向こう側が透けていた。

逃げよう。ペースを上げて、振り切ればいいんだ。

彼は普段のランニングよりもペースを上げた。だが、振り切れない。

気づくと、甲高い子供の声で背後から声を掛けられている。

「遅いね」

「遅い遅い」

「もっとペースを上げないと」

ランニングの汗とは違った汗が背中を滴り落ちた。

ペースを更に上げた。息が苦しい。だが、ペースを下げたらどうなるのか分からない。

子供は、背後からますます煽り立てた。

「抜くよ」

「抜いちゃうよ」

「本当だよ。もうすぐ抜くよ」

「抜いたら――おじさん、死んじゃうよ」

信じられない。信じたくない。

もう限界だ。心臓が痛い。酸素が足りない。

――駄目だ。

堤防道路から転がり落ちるようにして、草の生えた堤防の斜面へと足を踏み出した。

すると、もう声は追いかけてこなかった。


「この土手の道、使わないほうがいいよ」

男性は、天津さんに言い残して、その場を去った。

翌日、現場監督にこの話をすると、彼は困ったような顔を見せた。

「その子供の話、僕、数人から聞いてるんですよね――」


数年経った今でも、その男の子が出るのかは分からない。

しかし最近、銀河大橋の近くにあるコンビニで深夜バイトをしていた友人からも、同じ腕のない子の話を聞いたと、天津さんは付け加えた。

色々な女がやってくる

「そりゃさ、こんなところに家を構えるなんてのは、釣りが好きか、マリンスポーツが好きかくらいしかないでしょう。放っときゃ車は錆びるし、夏になりゃ国道は混むし、そうじゃなくても磯臭いし、肌はベタベタするし」

平塚新港のマンションの一室に居を構える千石さんは釣りキチである。

平塚新港は、平塚市を通る国道１３４号線の海側、相模川河口に面した地域を指す。施設が揃っていることから、釣り人に人気のスポットでもある。都内や近県から車を飛ばしてやってくる釣り客もいるくらいだ。

「俺も、最初は都内から通ってたんだけどさ、こっちの支店に配属になったから、こりゃ幸いと思い切ってここに引っ越したって訳」

千石さんにとっては、転勤は渡りに船だった。今は毎朝のように目と鼻の先の防波堤に出て、季節ごとの魚を釣っているという。

しかし、そんな彼でも、海に出かけない日がある。

「窓から下を見て下さいよ。この下の道をさ、夜になると、びしょ濡れの女が歩くときがあるんだよ。その夜には防波堤にも近寄らないようにしてる」

窓から顔を出すと、南北に走る道が見える。南に下っていくと港に辿り着く。その女は海から上がると、北に向かって歩いていく。向かう先は国道１３４号線だ。女がいつも全身びしょ濡れなのは、髪の様子や服の様子を見れば分かる。この女に関わると、碌なことにならないというのは、釣り人の先輩から教えてもらっていた。最初は冗談だと思っていたが、実際に目の当たりにすると信じざるを得ない。元が土左衛門なのか、それとも他の何かなのかは分からない。ただ、生きている人間でないのは確かだ。死人と関わると碌なことにならない。だから、釣りに出ないのだという。

「ただね、俺のマンションの部屋は五階なんですけど、そこにも女が通るんです。こっちは相模川のほう、つまり東から西に向かって空中を歩いてくんですよ」

半透明で、所謂幽霊としてはこちらのほうが分かりやすい。

女達は、千石さんの寝ている部屋の窓から入ってきて、部屋を無音のまま通り抜けると、壁をすり抜けて出ていく。

年齢もまちまち、服装もまちまち。

黙ってただ抜けていくだけなので、特に害はない。千石さんも慣れたものだ。

だが彼にも、女達が通り抜けていった先に何があるのかまでは知らないという。

平塚のアパート

「怖いところ、どっかないって訊いたらさ、教官が殺人事件があったらしいって教えてくれたんだよね」

駅の近くのドーナツ屋で敏子が突然そんな話を始めたので、綾子は面食らった。

敏子は極度の心霊マニアだ。今日は自動車の教習所で新しく情報を仕入れてきたらしい。

彼女は時々そうやって近所の不思議な場所を聞き込んでくる。

重大な事件があった現場、奇妙な伝承にまつわる碑、所謂心霊スポット。

ただ、彼女が一番知りたいのは、世間にまだ知られていない禍々しい場所だという。

「住所を聞いて、最初は、ピアノ殺人事件の現場かなって思ったんだけど、どうやら違うみたい。ピアノ殺人は四階立ての団地だったけど、二階建てのアパートらしいんだ」

ピアノ殺人事件は、昭和四十九年に平塚で起きた殺人事件だ。騒音がうるさいと、男性が母親、長女、次女を次々に殺害した事件である。もちろん事件の当時は、敏子も、綾子も生まれていない。

「行くの？」

「行くよ。綾子も行くでしょ」

「そりゃ行くけどさ。また深夜とか言わないよね。ほら、うち親がうるさいからさ」

本当のところは、深夜に行って、不審者として通報されるのもまずかろうとの判断からだ。敏子にはそういう配慮が欠けている。後先考えずに廃墟に忍び込む癖があるのも危なっかしい。だからいつもお目付役として、綾子が付いていくことになる。綾子自身も、非日常的な冒険を楽しんでいるのは確かだが、敏子の振る舞いには正直付いていけないところもある。

「ちょっと距離があるから、行くとしたら自転車かな。銀河大橋を渡った平塚側にコンビニがあるから、金曜の三時にそこに集合でいいかな」

まだ昼間といえる時刻を選んだのは、写真のためである。彼女も自分も、物件の写真を、できれば心霊写真を撮りたかったのだ。


集合場所から自転車を使えば、そう遠い距離ではなかった。

二階建ての木造アパートの一階西側の奥の部屋が該当の物件らしい。

確かに異様な雰囲気がある。部屋の窓が内側からベニヤで封じられているのも気持ちが悪い。

よく見ると、ベニヤとベニヤの間に薄く隙間が空いていた。

内側から誰かが覗いているような気がしたので、綾子はデジカメのレンズを近づけて、何枚かシャッターを切った。

続いてドアの並ぶ廊下側に回って確認する。電気メーターは回っていない。つまり契約されていないか、内部は無人ということ、なのだろう。多分。

ここでも写真を撮る。

「――事件があってから、ずっと空室らしいよ。教官の話だと、窓のあのベニヤとベニヤの隙間から、殺された女が覗くんだって」

先ほどの視線は、気のせいではなかったのだろうか。敏子にそう伝えると、「気持ちが悪いね」と口の端に笑みを浮かべた。

もう一度、窓側に回ると、再び視線を感じた。あのベニヤの隙間が怖い。

「確かに覗いてる気がする」

「怖いけど――シャッターチャンスかもね」

敏子の言葉に綾子はそう答えた。

もっと写真を撮ろう。あの窓を写せば、心霊写真が写るかもしれない。

窓に向けて何枚かシャッターを切ると、急にデジカメの電源が切れた。バッテリーを交換しても駄目だった。

その直後、全身に寒気が走った。急な頭痛で頭が割れそうだ。

敏子に体調が急変したと伝えると、彼女も同じだと答えた。

普段なら余程のことがないと動じない敏子が、不安そうな顔で帰ろうよと手を引いた。彼女の手は異常に熱く、恐らく体温は四十度近いのではないかと心配になった。


綾子は帰宅してすぐにベッドに身体を放り出した。頭痛で動けず、ただ布団に包まって唸っていることしかできなかった。

その夜から、綾子は金縛りに悩まされることになった。

寝ていると、枕元に女が立つ。それが一晩中見下ろしてくる。あの窓からの視線と同じだ。怒り、非難、怨嗟《えんさ》。それらをぐちゃぐちゃに混ぜたような悪意のある視線。

翌朝、デジカメから取り込んだ写真は、ほとんど真っ黒で、何が写っているか分からなかった。落胆しながら、更に確認していくと、一枚、窓枠の形に添うようにして、不自然に全身がねじ曲がった女が写っていた。

全身から血の気が引いた。金縛りの間、自分を見下ろしていた女が、この写真の女だと気づいたからだ。憑いてきてしまったのだろう。

そのとき、敏子からメールが届いた。添付されていたのは、二枚のベニヤ板の隙間からこちらをじっと見ている、真っ赤な瞳の写真だった。

「ついてきたね」

メールの本文にはそう書かれていた。


高熱と金縛りは一週間続いた。敏子に何度連絡を入れても、返事はなかった。

熱が下がったので敏子の家に行くと、彼女はこの一週間、家に帰っていないと聞いた。

捜索願いも出しているが、まだ発見には至っていないとのことだった。

もうあと少しで仮免許までいくはずだった自動車教習所にも、姿を現していないらしい。

それ以来、彼女が何処で何をしているのかすら、全く分からない。

錠前

平塚と大磯に跨がる高麗山と泡垂山の二つの山からなる丘陵を、湘南平という。正確には標高約百八十メートルの泡垂山の山頂が湘南平だ。

眺望が素晴らしいことからデートスポットとしても人気で、更に湘南地区を一望することのできる夜景スポットとしても知られており、週末になると車で多くのカップルが訪れる。

この湘南平にはテレビ塔が建っており、その途中に展望台がある。この展望台は、南京錠による恋愛のおまじないの発祥の地の一つとされている。

「あそこに南京錠を掛けるのは、龍恋の鐘よりもずっと早いんだよ。あたしのずっと上の先輩とかの時代にだって、もう南京錠を付けてる人がいたらしいから」

渚の記憶によれば、八十年代の頭には、もう南京錠を付ける風習があったらしい。そうなると、七十年代の終わりには始まっていたということか。

彼女自身がクリスマスの夜に南京錠をフェンスに掛けたのは、九十年代の頭のことだという。当時、彼女はまだ中学生だった。

「今はもういい歳のおばさんだけどさ、あたしだって昔は可愛かったんだよ――」

彼女は少し照れたように、窓の外に顔を向けた。


彼氏の車に乗って湘南平の坂を登り、テレビ塔から夜景を眺めた。真冬の澄んだ空気で、江の島の先までくっきりと弧を描く海岸線が見える。北側は伊勢原のほうまで光が続き、その先に丹沢の山並みが黒く浮かび上がっている。

そのとき、彼氏がポケットから何かを取り出した。

南京錠だった。

「これに二人の名前書いて、ここのフェンスに引っ掛けるんだ。そうすると恋が叶うんだよ。俺からは外せないように、鍵はお前にやる」

彼氏から錠前と油性ペンを渡された。真鍮《しんちゅう》製でやたらとゴツい。

この人らしいなと思った。

彼の名前、自分の名前。日付。そして自分が普段使っている簡単なトレードマーク。

真鍮の表面に細字の油性ペンで書き込む。

「それじゃ、一番高いところに付けよう」

彼は手を伸ばし、フェンスの一番上の目立つところに南京錠をぶら下げた。

「でも、彼とは上手くいかなかったんだよね」

付き合い始めて三年は良かった。しかし、次第に気持ちがすれ違うようになった。

高校受験も終え、あっという間に高校二年生。

今後美容師になるために専門学校に通おうという夢を持った頃だった。

彼氏は成人していたが、今後の目標も持てないようで、アルバイトを転々とする生活。

ずっとイライラして、優しかった昔の彼とは変わってしまった。

今ならそれが彼自身にも許せなかったと分かる。だが、当時の彼女には、彼の変化を支えることはできなかった。

付き合い始めて五年目。クリスマス前に別れ話をした。

「お前は幸せになれよ」

彼の言葉は今でも思い出せる。

その後、彼とは会っていない。

それから更に何年か経ち、彼女は美容師の卵として働いていた。

もう成人している。実家を出て一人暮らし。結婚してはいないものの、一緒に暮らしている人もいる。派手さはないが、渚のことをとてもよく考えてくれる人だった。

「冬だけど、湘南方面に行かないか」

彼氏がデートに誘ってくれた。休みに、二人連れ立って行こうというのだ。

「江の島なら、地元近いから案内できるよ！」

最近のニュースで、江の島に「龍恋の鐘」というカップル向けのスポットができたという話も耳にしている。渚は久しぶりの江の島に胸が高鳴った。

冬の江の島は、風が強かった。湯気を立てる白と茶色の女夫《めおと》饅頭を買い、食べ歩きながら恋人の丘へと向かう。

「あ、こっちだって」

売店で南京錠を売っていることには気づいていたが、彼氏は特に興味がないらしい。

二人で案内に従って進んでいくと、まず目に入ったのは南京錠の掛けられたフェンスだった。その上に「龍恋の鐘」が設えてある。

海風が強い。周囲には誰もいない。

フェンスには色とりどりの可愛らしい南京錠が掛かっている。一体幾つあるのだろう。見ると、「いつまでも一緒」「愛してる」「ずっと大好き」と、歯の浮くような台詞が油性ペンで書き込まれている。

恋人達が願うのは、いつも同じだ。

ふんふんと見ていくと、幾百幾千と下がっている中に、見覚えのある無骨な南京錠がぶら下がっていた。

——まさか。

手に取ってみると、元彼の名前と自分の名前。書かれた日付はもう十年近くも前のクリスマスイブ。

——気持ちが悪い。

何でこんなに古い南京錠がここにぶら下がっているのだろう。悪趣味な悪戯だろうか。元彼がこんなことをするだろうか。あの後、湘南平のテレビ塔から、鍵を開けて持ち帰ったということか。

いや、鍵なら実家の机の引き出しにあるはずだ。

混乱した。幾ら考えても分からない。

そのとき、彼氏から鐘を鳴らさないかと声を掛けられた。

まだ胸の内にもやもやとしたものが残っていたが、渚は気持ちを切り替えることにした。

幾ら考えても分からないものは、考えたって仕方がない。


彼女はそれから暫くして、元彼と親しかった共通の友人に連絡を取った。

随分久しぶりだねと挨拶をした後で、元彼の消息を訊ねた。

すると、友人は少し思案した後で打ち明けてくれた。

「あの人さ、もう何年も前にバイクの事故で歩けなくなっちゃってさ、その後、自分で命を絶っちゃったんだよ——」

——聞かなければ良かった。

信じられないという気持ちと、ああやっぱりという気持ちが同時に押し寄せる。

「それでさ——」

元彼はずっと一人だったらしい。

彼は死の直前まで、渚のことを大事にできなかったと悔やんでいたという。

あとがき

真夜中育ちの民に怪を込めて

著者の神沼です。ここまで無事読み通された皆様、大変お疲れ様でした。

今回は地域怪談本です。まえがきでも書きましたが、著者の生まれ育った、よく知る地域に関する怪談本ということで、地元湘南への愛を過剰に詰め込んだ「湘南怪談　江の島・茅ケ崎編」となりました。

さて、肩に力を入れ、過剰に愛を込めて書き始めたのは良いのですが、実際のところはとても難易度の高い案件だったと言わざるを得ません。そもそも湘南のようなごく狭い地域において、実際に起こった怪異を蒐集し、紹介すること自体が難易度の高いことです。しかも、収録される話には〈湘南という地域性〉が生きていなくてはなりません。

例えば狭いマンションの一室で起きた怪異は、都内だろうが地方だろうが、あまり印象に変わりはありません。このような話は地域性が薄く、湘南を冠する本でなくても良いことになります。同様に、家や血筋にまつわる話も、湘南の怪談として合わない場合には収録を見送りました。しかし、このようにして過度に地域性を出していくと、加減次第では体験者個人を特定できてしまうことになります。

今回はこの二点の匙加減に悩まされました。ですが、我田引水ながら、今回は目的を達成できたのではないかと考えています。

お読みになった方は既にお気づきでしょうが、海岸での怪異が多く集まった本になりました。書いていて、こんなにサーファーや釣り人が出てくる本もないかなと思いましたが、これも地域性かもしれないと考え直し、構成はそのままにしました。

心残りがあるとしたら、湘南サウンドの発祥の地として、もう少し音楽方面からの体験談を組み込みたかったことです。ただ残念ながら肝心の怪異体験が取材できず、断念しました。これは今後の課題としたいと思います。

この一冊が、微力ながら愛する湘南の新たな魅力に繋がることを願って止みません。

それでは最後の感謝の言葉を。まずは何より体験談を預けて下さった体験者の皆様。取材に協力して下さった皆様。いつも生温かく見守ってくれる家族。そして本書をお手に取っていただいた読者の方々に最大級の感謝を。

皆様くれぐれも御自愛下さい。それではお互い無事でしたら、また何処かで。

二〇二一年秋分　　神沼三平太

湘南怪談

2021年11月5日　初版第一刷発行

著者……神沼三平太
監修……加藤 一
カバーデザイン……橋元浩明（sowhat.Inc）

発行人……後藤明信
発行所……株式会社　竹書房
〒102-0075　東京都千代田区三番町8-1　三番町東急ビル6F
email: info@takeshobo.co.jp
http://www.takeshobo.co.jp
印刷・製本……中央精版印刷株式会社